Abdalla Abdulhadi Alsanousi Abdulhadi

Projeto e Otimização de Filtro Passa-Baixo

Abdalla Abdulhadi Alsanousi Abdulhadi

Projeto e Otimização de Filtro Passa-Baixo

ScienciaScripts

Imprint
Any brand names and product names mentioned in this book are subject to trademark, brand or patent protection and are trademarks or registered trademarks of their respective holders. The use of brand names, product names, common names, trade names, product descriptions etc. even without a particular marking in this work is in no way to be construed to mean that such names may be regarded as unrestricted in respect of trademark and brand protection legislation and could thus be used by anyone.

Cover image: www.ingimage.com

This book is a translation from the original published under ISBN 978-620-2-06656-3.

Publisher:
Sciencia Scripts
is a trademark of
Dodo Books Indian Ocean Ltd. and OmniScriptum S.R.L publishing group

120 High Road, East Finchley, London, N2 9ED, United Kingdom
Str. Armeneasca 28/1, office 1, Chisinau MD-2012, Republic of Moldova, Europe
Printed at: see last page
ISBN: 978-620-7-91346-6

Conteúdo

RECONHECIMENTO 2
Lista de Sinais 4
Lista de abreviaturas 6
Resumo 7
CAPÍTULO 1 8
CAPÍTULO 2 14
CAPÍTULO-3 48
CAPÍTULO-4 65
CAPÍTULO 5 88
REFERÊNCIAS 90

RECONHECIMENTO

Antes de mais, gostaria de expressar o meu mais profundo sentimento de gratidão ao poder omnisciente e omnipresente do universo, o omnipotente **ALLAH..............................** o inspirador de todo o conhecimento e.. a fonte das ideias.

Não há palavras para exprimir o meu sentimento de dívida e profunda gratidão para com o meu orientador, **Dr. W. Jeberson**, Diretor do Departamento de Informática e Tecnologias da Informação, Shepherd School of Engineering &Technology, Sam Higginbottom Institute of Agriculture, Technology & Sciences (Formerly Allahabad Agricultural Institute-Deemed University), Allahabad, pelo seu esforço meticuloso para dar à presente tese a sua forma atual. Foi apenas graças à sua orientação imaculada, à sua imensa dedicação, às suas ideias ponderadas, às suas críticas construtivas, ao seu encorajamento incessante e às suas discussões condignas que consegui cumprir esta tarefa árdua. A sua vasta ajuda e o seu interesse pela minha tese em cada uma das suas fases não precisam de palavras para expressar os seus agradecimentos.

Exprimo o meu profundo sentimento de gratidão e de indepêndencia ao **Er. A. Ashok**, Professor Assistente, Departamento de Engenharia Eletrónica e de Comunicações, Sam Higginbottom Institute of Agriculture, Technology & Sciences (Formerly Allahabad Agricultural Institute-Deemed University), Allahabad, por transmitir os seus conhecimentos e conselhos científicos.

Estaria a faltar aos meus deveres se não exprimisse em palavras a minha gratidão e humildade para com o Honorável Vice-Chanceler, **Prof. (Dr.) R. B. Lal** e Bispo da congregação Yeshu Darbar, Sam Higginbottom Institute of Agriculture, Technology & Sciences -Deemed University, Allahabad, cujo afeto paternal, sugestões construtivas, encorajamento, assistência e abordagem sincera da análise crítica do assunto me ajudaram a atingir o objetivo. Ele continuará a ser um ideal para toda a minha vida.

(Dr.) A. K. A. Lawrence, Registrador, Sam Higginbottom Institute of Agriculture, Technology & Sciences -Deemed University, Allahabad, por ter disponibilizado instalações para a realização do meu trabalho de investigação.

Agradeço cordialmente ao **Prof. (Dr.) M. Imtiyaz**, Diretor da Faculdade, Shepherd School of Engineering & Technology, Sam Higginbottom Institute of Agriculture, Technology & Sciences - Deemed University, Allahabad, pelo seu inestimável apoio, encorajamento e ajuda infalível, preocupação e conselhos benevolentes que me prestou.

O afeto dos meus pais, irmãos e irmãs foi sempre uma fonte de entusiasmo e inspiração para alcançar cada vez mais sucesso na vida.

Data: 20/12/2016

Local: Allahabad

Abdalla Abdulhadi Alsanousi Abdulhadi

Lista de Sinais

Symbol	Definition
a_k	Coefficient of the nthorder Gaussian filter response
B_c	Susceptance of a capacitor
c	Speed of light
C	Capacitance
D(p)	Polynomial in a complex frequency variable p
ε	Ripple constant
ε_r	Relative permittivity
ε_{re}	Effective permittivity
E	Electric field intensity
$F_n(\Omega)$	Filtering or characteristic function
f_s	Threat frequency of the lowest surface wave mode
g_0	Conductance
h	Substrate height
H	Magnetic field intensity
ℓ	Stub length
L_A	Insertion loss between ports n and m
L_R	Return loss at port n
L_{Ar}	Pass band ripple
L_{As}	Stop band attenuation
L	Inductance
N(p)	Polynomial in a complex frequency variable p
p	Complex frequency variable
P_p	Peak power handling
n	Filter order
Q	Quality factor
Q_u	Unloaded quality factor
Q_c	Conductor loss
Q_d	Dielectric loss

Q_r	Radian loss
$\varphi_{21}(\Omega)$	Phase response of the filter
R_s	Surface resistance of conductor sheets
S_{nm}	Scattering parameter
$\tan \delta$	Dielectric loss tangent
$T_n(\Omega)$	Chebyshev function of the first kind of order n
$\tau_d(\Omega)$	Group delay response of a network
V_o	Maximum breakdown voltage of the substrate
v_p	Phase velocity
w_c	Cutoff frequency
W	Width of the transmission line
X_L	Reactance of an inductor
Y_0	Source admittance
λ	Wavelength
η	Wave impedance
Z_0	Source impedance
Z_c	Characteristic impedance of the microstrip
σ	Neper frequency
γ_0	Impedance scaling factor
Ω	radian frequency variable of a low pass prototype filter
Ω_c	Cutoff frequency
Ω_{3dB}	3 dB bandwidth

Lista de abreviaturas

AMPS	Advanced Mobile Phone Service
BSF	Band Stop Filter
BPF	Band Pass Filter
CDMA	Code-Division Multiple-Access
CPW	Coplanar Waveguide
DGS	Defected Ground Structure
EBG	Electromagnetic Bandgap
EM	Electromagnetic
ECM	Electronic Countermeasures
ESM	Electronic Support Measures
FDMA	Frequency-Division Multiple-Access
HEM	Hybrid Electromagnetic
HTS	High-Temperature Superconductor
IC	Integrated-Circuit
IDT	Interdigital Transducers
LPF	Low Pass Filter
LNA	Low-Noise Amplifier
LTCC	Low-Temperature Cofired Ceramics
MMIC	Monolithic Microwave Integrated Circuit
MEMS	MicroElectromechanical Systems
PBG	Photonic Bandgap Structure
PCS	Personal Communications System
RF	Radio Frequency
SAW	Surface Acoustic Wave
TDMA	Time-Division Multiple-Access
TE	Transverse Electric
TEM	Transverse Electromagnetic
TM	Transverse Magnetic
UMTS	Universal Mobile Telecommunications System
WB	Wideband
VNA	Vector Network Analyzer
VSWR	Voltage Standing Wave Ratio

Resumo

A estrutura de terra deformada (DGS) permite a rejeição de bandas em determinadas bandas de frequência, o que pode ser designado por efeito de bandgap ou de banda de paragem. A alteração das dimensões físicas do padrão gravado pode facilmente controlar a indutância e a capacitância efectivas. O DGS tem sido aplicado na conceção de circuitos de micro-ondas, como filtros de micro-ondas, divisores de potência, acopladores, amplificadores, osciladores, etc., utilizando padrões periódicos de DGS por baixo da linha de microfita. Por outras palavras, os DGS são utilizados para reduzir o tamanho e melhorar o desempenho dos componentes de microfita.

Nesta tese, são introduzidas três novas estruturas DGS para um filtro passa-baixo compacto, um filtro de paragem de banda e um sistema transcetor de antena de microfita retangular de dupla frequência e dupla polarização com duas técnicas de alimentação ortogonais acopladas por proximidade.

Na primeira parte da tese, é investigada uma estrutura de terra defectada (DGS) melhorada com uma linha de microfita moldada para aplicações compactas de filtros passa-baixo (LPF). Com esta estrutura, o elemento ressonante básico apresenta uma resposta passa-baixo de função elíptica. A utilização desta estrutura permite obter uma resposta de frequência de corte nítida e elevadas supressões harmónicas, juntamente com um tamanho reduzido, sem a necessidade de estruturas DGS periódicas.

Na última parte da tese, é apresentado um novo projeto de transcetor de antena de microfita de banda dupla com polarização dupla. Neste projeto, é apresentada uma nova conceção de um filtro de paragem de banda de microfita DGS em forma de U entrelaçado com características de paragem de banda elevadas. Além disso, um conjunto de unidades de estrutura de terra com defeito (DGS) é gravado no plano de terra sob a linha de alimentação da antena de microfita nas portas de transmissão e receção. Estas unidades DGS no plano de terra formam um filtro de paragem de banda na porta da antena de transmissão e um filtro passa-baixo na porta de receção. Com esta técnica, é possível obter um bom grau de isolamento entre as portas de transmissão e de receção da antena de microfita. O filtro passa-baixo proposto, o filtro de paragem de banda e o sistema de antena do emissor-recetor são simulados no substrato Rogers RO3003 com constante dieléctrica $\varepsilon_r = 3$ e altura h=1,5 mm.

Os resultados da simulação do filtro passa-baixo proposto são obtidos utilizando o pacote de software comercial CST MICROWAVE STUDIO. O filtro é realizado no substrato Rogers RO3003 com constante dieléctrica $\varepsilon_r = 3$ e altura h = 1,5 mm. O fabrico é feito utilizando a tecnologia de película fina e a técnica fotolitográfica e medido utilizando um analisador de rede vetorial (HP8719Es). Verifica-se uma boa concordância entre as medições e os resultados da simulação.

CAPÍTULO-1

1.0 INTRODUÇÃO

Basicamente, um filtro elétrico é um circuito que pode ser concebido para modificar, remodelar ou rejeitar todas as frequências indesejadas de um sinal elétrico e aceitar ou passar apenas os sinais desejados pelo projetista do circuito. Por outras palavras, "filtram" sinais indesejados e um filtro ideal separa e passa sinais de entrada sinusoidais com base na sua frequência. Em aplicações de baixa frequência (até 100 kHz), os filtros passivos são geralmente feitos de redes RC (resistência-capacitor) simples, enquanto os filtros de alta frequência (acima de 100 kHz) são geralmente feitos de componentes RLC (resistência-indutor-capacitor). Os filtros passivos são constituídos por componentes passivos, como resistências, condensadores e indutores, e não têm elementos de amplificação (transístores, amplificadores operacionais, etc.), pelo que não têm ganho de sinal, pelo que o seu nível de saída é sempre inferior ao de entrada.

Um filtro passa-baixo é um filtro eletrónico que passa sinais de baixa frequência mas atenua (reduz a amplitude de) sinais com frequências superiores à frequência de corte. A quantidade real de atenuação para cada frequência varia de filtro para filtro. É por vezes designado por filtro de corte alto ou filtro de corte de agudos quando utilizado em aplicações áudio. Um filtro passa-baixo é o oposto de um filtro passa-alto. Um filtro passa-banda é uma combinação de um passa-baixo e de um passa-alto.

Os filtros passa-baixo existem em muitas formas diferentes, incluindo circuitos electrónicos (como um *filtro de assobio* utilizado em áudio), filtros anti-aliasing para condicionar sinais antes da conversão analógico-digital, filtros digitais para suavizar conjuntos de dados, barreiras acústicas, desfocagem de imagens, etc. A operação de média móvel utilizada em domínios como o financeiro é um tipo particular de filtro passa-baixo e pode ser analisada com as mesmas técnicas de processamento de sinal que são utilizadas para outros filtros passa-baixo. Os filtros passa-baixo fornecem uma forma mais suave de um sinal, removendo as flutuações de curto prazo e deixando a tendência de longo prazo. Um filtro ótico poderia ser corretamente designado por passa-baixo, mas convencionalmente é descrito como "passa-longo" (baixa frequência é comprimento de onda longo), para evitar confusões.

O filtro passa-baixo de Butterworth é um tipo de filtro de processamento de sinal concebido para ter uma resposta em frequência tão plana quanto possível na banda passante, pelo que também é designado por filtro de magnitude maximamente plana. Foi descrito pela primeira vez em 1930 pelo engenheiro britânico Stephen Butterworth no seu artigo intitulado "On the Theory of Filter Amplifiers". Exemplos deste tipo de filtro incluem os modelos Chebychev, Elliptical e Butterworth. Cada projeto tem características que proporcionam diferentes soluções de compromisso. Por exemplo, o filtro Butterworth tem uma resposta suave na banda passante e uma atenuação mais gradual fora da banda, enquanto o filtro Chebyshev tem uma resposta "ondulada" na banda passante e uma atenuação mais acentuada fora da banda.

Quase todos os métodos de conceção de filtros são *óptimos* em algum sentido, e a escolha da optimalidade determina a natureza da conceção. Os filtros Butterworth são óptimos no sentido de terem uma resposta de amplitude maximamente plana, medida através de uma expansão em série de Taylor sobre dc **Parks e Burrus (1987)**. É claro que o filtro trivial tem uma resposta de amplitude perfeitamente plana, mas isso é um filtro passa-tudo, não um filtro passa-baixo. Portanto, para restringir a otimização ao espaço dos filtros passa-baixas, precisamos de *restrições* no projeto, como e. Ou seja, podemos exigir que o ganho dc seja 1 e que o ganho na metade da taxa de amostragem seja zero.

Acontece que os filtros Butterworth (assim como os tipos de filtro Chebyshev e Função Elíptica) são muito mais fáceis de projetar como *filtros analógicos* que são depois convertidos em filtros digitais. Isso significa realizar o projeto no plano em vez de no plano, onde o plano é o plano complexo sobre o qual as funções de transferência de filtros analógicos são definidas. A função de transferência analógica é muito semelhante à função de transferência digital, exceto que é interpretada em relação ao eixo de frequência analógica (o "eixo") em vez do eixo de frequência digital (o "círculo unitário"). Em particular, os pólos dos filtros analógicos são estáveis se e só se estiverem todos na *metade esquerda* do plano, *ou seja,* se as suas partes reais forem *negativas*. Os projectos de um filtro Butterworth simples de baixa passagem utilizando circuitos protótipo normalizados. O procedimento é simples e é bastante valioso saber, uma vez que o mesmo procedimento pode ser usado mais tarde para projetar filtros passa-alto, passa-banda e corta-banda também. Utilizando este método, uma pessoa sem experiência prévia no projeto de filtros pode projetar um filtro passa-baixo optimizado de acordo com as suas especificações num curto espaço de tempo. Tendo em conta o que precede, a presente investigação será realizada para conceber um filtro passa-baixo de elevado desempenho.

Desde que a estrutura de terra com defeito (DGS) foi proposta em 1999, tem sido um dos tópicos mais preocupantes nos campos do eletromagnetismo e das micro-ondas. O conceito de estrutura de terra com defeito (DGS) foi derivado da estrutura de banda fotónica (PBGs). Embora a estrutura PBG tenha sido desenvolvida para utilização em frequências ópticas, pode ser utilizada em frequências de micro-ondas e de ondas milimétricas sob a designação de "electromagnetic bandgap" (EBG). O DGS tem sido utilizado para designar uma célula unitária gravada ou uma matriz gravada de células unitárias (1-D) no plano de terra **Park *et al.* (1999)**. Por outro lado, PBG refere-se a uma rede 2-D completa no plano de terra **Radisic *et al.* (1998)**.

A estrutura de terra com defeito (DGS) baseia-se na gravação de uma determinada unidade/unidades de padrão no plano de terra metálico por baixo da linha de microfita, tal como a estrutura de banda fotónica (PBG) **Xue *et al.* (2000; Shum *et al.* (2001; Caloz e Itoh (2002; Rao *et al.* (2003); Elsaied e AbdElrazzak (2010)**. A estrutura de terra deformada perturba a distribuição da corrente blindada no plano de terra **Packiaraj *et al.* (2011)**. Esta perturbação apresenta uma caraterística de onda lenta, pelo que pode alterar as características da linha de transmissão, como a capacitância e a indutância da linha. Além disso, a estrutura de terra com defeito aumenta a impedância caraterística da linha microstrip, pelo que pode ser utilizada uma linha microstrip mais larga. Isto pode levar a maiores capacidades de potência do transmissor.

No presente trabalho, será apresentado um novo projeto de transcetor de antena de microfita de banda dupla com polarização dupla. Neste projeto, um conjunto de unidades de estrutura de terra deformada (DGS) será gravado no plano de terra por baixo da linha de alimentação da antena de microfita nas portas de transmissão e receção. Estas unidades DGS no plano de terra formam um filtro de paragem de banda na porta da antena de transmissão e um filtro passa-baixo na porta de receção. Com esta técnica, é possível obter um bom grau de isolamento entre as portas de transmissão e de receção da antena de microfita.

Os elementos DGS com dimensões uniformes são colocados em cascata num padrão periódico unidimensional (1-D) para obter uma banda de paragem mais larga, mesmo no que diz respeito à ondulação da banda de passagem. Para contrariar este problema de ondulação, foram propostas configurações não uniformes para obter simultaneamente uma banda de paragem muito mais larga e uma ondulação menor na banda de passagem **Zhang e Mansour (2004); JiaLin *et al.* (2005); Packiaraj *et al.* (2011)**.

Aplicação de LPF em antenas de microfita acopladas para transceptores front-end

O sistema de comunicação convencional, que tem a capacidade de transmitir e receber ao mesmo tempo, é constituído por dois circuitos isolados. Um circuito é utilizado para a transmissão, que consiste num transmissor e numa antena de radiação. Outro circuito é utilizado para a receção, que consiste num recetor e numa antena de receção. O sistema é complexo, aumenta o número total de componentes no circuito e as antenas de transmissão e receção devem ser colocadas suficientemente afastadas para que os sinais do transmissor não interfiram com o lado do recetor. Por conseguinte, os projectistas devem ter em conta algumas considerações como, por exemplo, os tipos de antenas, o espaçamento físico entre as duas antenas e a orientação das antenas para obter a melhor caraterística de isolamento entre elas.

A fim de reduzir o número de antenas utilizadas no sistema de transmissores-receptores para reduzir o custo, o tamanho e o peso e aumentar a eficiência do sistema, a necessidade do duplexador é a solução. Por conseguinte, o sistema de transmissor-recetor é constituído por um transmissor de rádio, um recetor de rádio, um dispositivo duplexador e uma antena comum partilhada. O duplexador colocado entre os circuitos de transmissão e de receção é utilizado para proporcionar um elevado desempenho de isolamento entre eles. A principal função do duplexador nos circuitos do transmissor-recetor é proteger o recetor de rádio de danos se um sinal de RF de alto nível, como os que provêm diretamente da saída de um transmissor, for aplicado à antena do recetor.

1.1 Duplexador

Um duplexador é um dispositivo que consiste em dois filtros passa-banda, um colocado no lado da transmissão, que é utilizado para permitir que o transmissor funcione/transmita numa banda de frequência desejada, e o outro colocado no lado da receção, que é utilizado para permitir que o recetor funcione/receba numa banda de frequência diferente, para partilhar uma antena comum ao mesmo tempo, com um isolamento entre as bandas de frequência de transmissão e as bandas de frequência de receção. Por outras palavras, o duplexador encaminha o sinal do transmissor para a antena e da antena para o recetor, como mostra a figura 1.1.

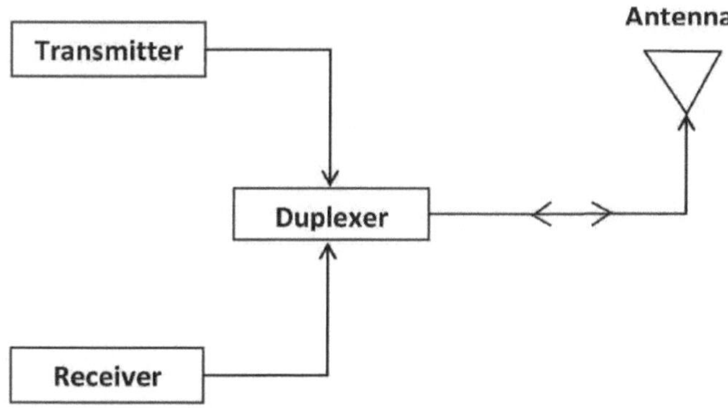

Figura 1.1: O duplexador no sistema de transcetor

1.1.1 Funcionamento do duplexador

O duplexador é frequentemente o componente chave do transcetor para os modernos sistemas de comunicação sem fios ou móveis. Permite que os rádios bidireccionais funcionem em modo full duplex. Full duplex significa que o transmissor e o recetor podem funcionar simultaneamente, ao contrário do modo "push to talk" utilizado nos modos de funcionamento não-duplex / simplex.

A ideia principal da construção do duplexador é a filtragem, quer se trate de um filtro passa-banda (BPF) ou de um filtro de paragem de banda (BSF). O duplexador tem três portas, uma porta para o sinal de entrada, a segunda porta utilizada para passar uma determinada banda de frequências desejada e a terceira porta para passar uma banda de frequências diferente.

O duplexador deve ser capaz de realizar as seguintes funções principais

- Ligar o emissor à antena e desligar o recetor durante o período de envio.
- Ligar o recetor à antena e desligar o transmissor durante o período de receção.
- Providencie sempre um isolamento adequado entre o recetor e o transmissor.

Existem propriedades importantes de um duplexador, tais como

1. Baixa perda entre o transmissor e a antena de transmissão.
2. Elevado isolamento do emissor para o recetor durante a transmissão.
3. Baixa perda entre a antena e o recetor durante a receção.
4. Comutação rápida entre o estado de transmissão e o estado de receção, por vezes comutada automaticamente pelo sinal de transmissão ou por um sinal de comando.

Filtros de duplexação tradicionais

A aplicação dos filtros no mundo moderno é extremamente vasta - são necessários em várias configurações e conjuntos, mas particularmente nos dispositivos de comunicação onde são simultaneamente necessárias dimensões reduzidas, peso leve, baixo custo e elevado desempenho. Os filtros transmitem o sinal dentro da largura de banda esperada, que pode ser baixa, alta, passa-banda ou pára-banda, e suprimem sinais com a frequência localizada fora da banda passante. Há muitas formas de combinar filtros para realizar uma operação duplex, tais como duplexadores passa-banda, duplexadores de entalhe de rejeição de banda.

1.1.2 Tipos de Duplexadores

(1) Duplexador de passagem de banda

O duplexador passa-banda consiste num filtro passa-banda ligado à antena nos lados do transmissor e do recetor. Estes filtros passa-banda permitem que uma gama específica de frequências passe através deles com baixas perdas, surgindo perdas mais elevadas em frequências fora da gama das frequências centrais.

(2) Duplexadores de rejeição de banda ou de entalhe

O duplexador de rejeição de banda consiste num filtro de paragem de banda ligado à antena nos lados do transmissor e do recetor. Estes filtros de paragem de banda são concebidos para causar perdas elevadas na frequência central e perdas mais baixas nas frequências fora do intervalo das frequências centrais.

Tendências recentes dos duplexadores

As antenas de dupla frequência e dupla polarização são frequentemente necessárias para a reutilização de frequências, a fim de aumentar as capacidades dos sistemas de comunicação. As antenas de retalho rectangulares proporcionam um isolamento inerente (cerca de 20 dB) entre as extremidades ortogonais e podem ser utilizadas para canais de transmissão e receção com polarização ortogonal linear **Hao e Parini (2001**). No entanto, este fraco isolamento impede a integração direta de antenas duplexadoras de microfita com componentes activos de micro-ondas para formar transceptores. Convencionalmente, é utilizado um filtro passa-banda de baixa perda de inserção antes da amplificação de baixo ruído na via de receção. Tais filtros são difíceis de fabricar, especialmente a frequências de ondas milimétricas, e só recentemente as técnicas de micromaquinagem tornaram possível o seu fabrico.

Foram publicados muitos estudos para melhorar o isolamento da porta entre o transmissor e o recetor, tais como, UC-PBG uniplanar compacto de banda fotónica 2-D **Hao e Paini (2002**), um conjunto periódico de patches circulares ligados à terra por vias de substrato de banda electromagnética (EBG) **Korkontzila (2006**), empregando diferentes estruturas de alimentação que requerem uma antena de patches de microfita empilhados em várias camadas **Shavit (2003); Choi e Park (2006); Sanchez *et al.* (2008**). A antena de sector circular impressa foi utilizada para obter boas características de isolamento, mas a escolha das frequências de projeto para esta antena de banda dupla é limitada. A antena retangular de microfita fornece requisitos de isolamento para aplicações em sistemas de transceptores de banda dupla. Além disso, é adequada para as aplicações devido à ausência de limitações ao funcionamento em banda dupla e à possibilidade de integração com dispositivos activos.

Tendo em conta os factos acima referidos, o presente inquérito foi realizado com os seguintes objectivos

1.2 Objectivos:

1. Analisar algumas concepções mais recentes de filtros passa-baixo.
2. Conceber filtros passa-baixo que resolvam os problemas identificados nos projectos/modelos existentes.
3. Testar a nova conceção/modelo utilizando software de simulação.

CAPÍTULO 2

REVISÃO DA LITERATURA

2.1 Introdução

Os filtros desempenham papéis importantes em muitas aplicações de RF/micro-ondas. São utilizados para selecionar ou confinar os sinais de RF/micro-ondas dentro dos limites espectrais atribuídos. O espetro eletromagnético é limitado e tem de ser partilhado. Os filtros permitem que algumas frequências de sinal aplicadas nos seus terminais de entrada passem para os seus terminais de saída com pouca ou nenhuma redução do nível do sinal. As aplicações emergentes, como as comunicações sem fios, continuam a desafiar os filtros de RF/micro-ondas com requisitos cada vez mais rigorosos - maior desempenho, menor dimensão, menor peso e menor custo. Dependendo dos requisitos e das especificações, os filtros de RF/micro-ondas podem ser concebidos como circuitos de elementos concentrados ou de elementos distribuídos; podem ser realizados em várias estruturas de linhas de transmissão, como guias de ondas, linhas coaxiais, linhas de banda e linhas de microfita. O recente avanço de novos materiais e tecnologias de fabrico, incluindo circuitos integrados monolíticos de micro-ondas (MMIC), sistemas microelectromecânicos (MEMS), microusinagem, supercondutores de alta temperatura (HTS) e cerâmicas de baixa temperatura (LTCC), estimulou o rápido desenvolvimento de novos filtros de microfita e outros. Entretanto, os avanços nas ferramentas de conceção assistida por computador (CAD), como os simuladores electromagnéticos (EM) de onda completa, revolucionaram a conceção de filtros **Hong e Lancaster (2001)**.

2.2 Definição de filtro

O filtro é uma rede de duas portas que proporciona uma transmissão perfeita para todas as frequências em determinadas regiões da banda passante e uma atenuação infinita nas regiões da banda de paragem, para além de uma resposta em frequência linear nas regiões da banda passante. Estas características ideais não podem ser obtidas e o objetivo de qualquer projetista de filtros é aproximar-se dos requisitos ideais dentro de uma tolerância aceitável.

Por outras palavras, os filtros permitem que algumas frequências de sinal aplicadas nos seus terminais de entrada passem para os seus terminais de saída com pouca ou nenhuma redução no nível do sinal. Os filtros são classificados como filtro passa-baixo (LPF), filtro passa-alto (HPF), filtro passa-banda (BPF) e filtro corta-banda (BSF).

2.3 A história dos filtros nas telecomunicações

Os filtros em circuitos eléctricos têm desempenhado um papel importante desde as fases iniciais das telecomunicações e têm progredido de forma constante de acordo com o avanço da tecnologia de comunicação. Em 1910, a introdução do sistema de telefonia por portadora - um novo sistema de transmissão de comunicação multiplex - reformou drasticamente o panorama tecnológico em torno das telecomunicações e introduziu uma nova era nas telecomunicações. O sistema exigiu o desenvolvimento de uma nova tecnologia para extrair e detetar sinais contidos numa banda de frequência específica, e este avanço tecnológico acelerou ainda mais a investigação e o desenvolvimento da tecnologia de filtragem.

Em 1915, o cientista alemão K. W. Wagner introduziu um método de conceção de filtros que ficou conhecido como o "filtro Wagner". Entretanto, outra técnica de conceção estava a ser desenvolvida nos Estados Unidos por G. *A.* Gambell, uma conceção que mais tarde ficou conhecida como o método dos parâmetros de imagem. Após estas descobertas tecnológicas, muitos investigadores notáveis, incluindo O. J. Zobel, R. M. Foster, W. Cauer e E. L. Norton, estudaram ativa e sistematicamente a teoria de conceção de filtros utilizando indutores e condensadores de elementos concentrados. Posteriormente, em 1940, foi introduzido um método preciso de conceção de filtros com dois passos específicos. A primeira etapa deste método de conceção de filtros consistia na determinação de uma função de transferência que cumprisse as especificações exigidas. Depois, utilizando uma resposta em frequência estimada pela função de transferência anterior, o segundo passo era sintetizar circuitos eléctricos. A eficiência e o sucesso deste método de conceção de filtros foram inigualáveis e a maioria das técnicas actuais de conceção de filtros baseia-se neste método inicial.

Em breve, o desenvolvimento do projeto de filtros expandiu-se dos ressoadores LC de elemento fixo para o recém-descoberto campo dos ressoadores coaxiais de elemento distribuído ou ressoadores de guia de ondas **Mattaei *et al.* (1980)**. Simultaneamente, registaram-se grandes avanços no domínio dos materiais de filtragem, o que contribuiu para o progresso dos dispositivos de filtragem.

Em 1939, P. D. Richtmeyer relatou que o ressonador dielétrico, que utilizava a ressonância de ondas electromagnéticas, tinha duas características especiais: tamanho pequeno e elevado valor Q. No entanto, a falta de estabilidade de temperatura do material naquela época significava que o filtro era insuficiente para uso prático. Na década de 1970, o desenvolvimento de vários tipos de materiais cerâmicos com excelente estabilidade térmica e elevado valor Q aumentou a viabilidade da aplicação prática do filtro dielétrico. Com o desenvolvimento destes materiais cerâmicos, a aplicação aos filtros avançou rapidamente. O filtro dielétrico tornou-se, desde então, um dos componentes mais importantes e conhecidos dos recentes equipamentos de comunicação RF/micro-ondas. Além disso, espera-se que os materiais supercondutores com elevada temperatura crítica, descobertos na década de 1980, tenham a possibilidade de conceber novos filtros de micro-ondas com perdas extremamente baixas e dimensões reduzidas.

Nas fases iniciais do desenvolvimento de filtros, a conceção de filtros concentrava-se em circuitos eléctricos passivos compostos por uma combinação adequada de indutor (L) e condensador (C). Sendo o ressoador LC um sistema de ressonância linear, muitos dos primeiros investigadores acreditavam que os sistemas de ressonância baseados em princípios físicos diferentes dos circuitos eléctricos de elementos concentrados/distribuídos poderiam alcançar o desempenho do filtro. Em 1933, W.P. Mason revelou um filtro ressonador de cristal de quartzo, que rapidamente se tornou um componente indispensável no equipamento de comunicações devido à sua excelente estabilidade térmica e às suas características de baixas perdas. Tal como o ressonador de cristal, o sistema de ressonador de cerâmica utiliza ondas em massa. Embora o filtro de cerâmica não ofereça muitas das propriedades valiosas do filtro de cristal, é frequentemente utilizado devido ao seu baixo custo de produção. Os ressoadores de ondas acústicas superficiais (SAW) que utilizam material monocristalino, como $LiNbO_3$, $LiTaO_3$, etc., também podem ser utilizados como elementos de filtragem, e os filtros SAW são viáveis para utilização prática em gamas de frequência muito mais elevadas do que os filtros de ondas volumosas **Matthews (1977)**. Um sistema ressonante de modos magnetostáticos gerado pela aplicação de um campo magnético de polarização a um cristal único de ferrite também tem a capacidade de servir de filtro. Os filtros de micro-ondas que utilizam esferas de YIG (granada ítrio-ferro) têm sido utilizados de forma semelhante. A caraterística especial do filtro YIG é a capacidade de alterar a frequência central através da variação da intensidade do campo magnético.

2.4 Aplicações de filtros de micro-ondas

As aplicações militares exigiam dispositivos de banda larga e sintonizáveis para receptores de medidas de apoio eletrónico, o que levou ao desenvolvimento de filtros de banda larga altamente selectivos, multiplexadores e filtros sintonizáveis eletronicamente. A indústria das comunicações por satélite criou uma procura de filtros de baixa massa, banda estreita e baixa perda com especificações rigorosas em termos de seletividade de amplitude e linearidade de fase. Estes requisitos resultaram no desenvolvimento de filtros de modo duplo e em avanços na conceção de multiplexadores. As estações de base de comunicações celulares exigiam filtros selectivos de baixa perda e elevada potência, com pequenas dimensões físicas, capazes de serem fabricados em dezenas de milhares a um custo razoável. Os aparelhos de rádio celular requerem o fabrico de centenas de milhões de filtros extremamente pequenos e de muito baixo custo, ainda com perdas razoavelmente baixas e elevada seletividade. A necessidade de filtros com diferentes especificações está a aumentar todos os dias. Nesta secção, discutiremos algumas das aplicações dos filtros e a sua necessidade nos mundos militar e comercial.

2.4.1 Aplicações militares

Uma das partes críticas de qualquer sistema militar é o sistema de contramedidas electrónicas (ECM) e o seu sistema associado de medidas de apoio eletrónico (ESM). O sistema ESM detecta e classifica os sinais de radar de entrada por amplitude, frequência, largura de pulso, etc., e o sistema ECM pode então tomar as contramedidas adequadas, como o empastelamento.

Um método de classificação de sinais por frequência consiste em dividir toda a banda de micro-ondas de interesse em sub-bandas mais pequenas. Isto pode ser feito utilizando um multiplexador, que consiste em filtros passa-banda separados cujas bandas passantes se cruzam nas suas frequências de 3 dB. Os trabalhos iniciais concentraram-se na utilização de filtros de guia de ondas.

Uma desvantagem da utilização de filtros de guia de ondas é a dimensão relativamente grande necessária para o funcionamento a baixa frequência. A dimensão da parede larga de uma guia de ondas retangular deve ser consideravelmente superior a metade do comprimento de onda do espaço livre no ponto de corte. Assim, um filtro de 2 GHz teria uma dimensão de parede larga de pelo menos 10 cm.

Podem ser construídos filtros muito mais pequenos utilizando linhas de transmissão TEM. Os desenvolvimentos mais significativos foram o filtro de linha acoplada paralela **Cohn 1(958)**, que encontrou numerosas aplicações em subconjuntos de microfita.

Os filtros sintonizáveis eletronicamente são utilizados em receptores de varrimento, uma vez que proporcionam uma resolução de frequência relativamente fina. Também são normalmente utilizados em equipamento de teste de micro-ondas.

2.4.2 Comunicação por satélite

As comunicações por satélite começaram com as séries de satélites Intelsat I-III, que estabeleceram a viabilidade das comunicações de voz no final da década de 1960. Em 1971, foi lançada a série Intelsat IV. Esta foi a primeira a utilizar uma arquitetura canalizada, necessária para evitar problemas associados à não linearidade dos amplificadores de alta potência. Nesta arquitetura, a banda de ligação ascendente de 500 MHz de 5,925 a 6,425 GHz é recebida no satélite, amplificada utilizando um amplificador de baixo ruído (LNA) e misturada com a banda de ligação descendente de 3,7 a 4,2 GHz. Em seguida, é dividida em 12 canais de 36 MHz, utilizando um multiplexador de entrada, antes da amplificação de cada canal. Os canais individuais, conhecidos como transponders, são depois recombinados utilizando um multiplexer de saída e alimentados à antena de ligação descendente **Kudsia *et al.* (1992)**. Isto criou a necessidade de filtros e multiplexadores de alto desempenho, uma vez que as distorções lineares dominantes do sinal (amplitude e fase) seriam causadas por estes dispositivos. A perda de inserção dos multiplexers de entrada é relativamente pouco importante, uma vez que a figura de ruído é definida pelo LNA. Assim, as interacções entre filtros podem ser minimizadas utilizando uma abordagem acoplada a um circulador combinada com equalizadores de atraso de grupo passa-tudo. Por outro lado, a perda de inserção do multiplexador de saída é crítica, uma vez que afecta diretamente o orçamento da ligação.

2.4.3 Rádio celular

A rádio celular tem sido um motor significativo para a tecnologia de filtragem desde que os sistemas analógicos foram lançados no início da década de 1980. Isto resultou em várias inovações na tecnologia de filtragem, tanto para as estações de base como para os telemóveis, que dependeram do planeamento de frequências das várias normas de sistemas. Nos EUA, o serviço analógico Advanced Mobile Phone Service (AMPS) utilizou um esquema de acesso múltiplo por divisão de frequências (FDMA), tendo-lhe sido atribuídos 869-894 MHz para a transmissão da estação de base (receção móvel) e 824-849 MHz para a receção da estação de base (transmissão móvel). O sistema digital de acesso múltiplo por divisão no tempo (TDMA) (IS136) ocupa a banda do sistema de comunicações pessoais (PCS) de 1930 a 1990 MHz e de 1850 a 1910 MHz e cada banda de 60 MHz é sub-bandada e atribuída aos operadores em três segmentos de 15 MHz e três segmentos de 5 MHz. O sistema americano de acesso múltiplo por divisão de código (CDMA) (IS95) ocupa ambas as bandas acima referidas e é sub-bandado em segmentos de 5, 10 ou 15 MHz. Na Europa, o sistema analógico original de comunicações de acesso total (TACS) ocupava as bandas 890-905 e 935-950 MHz. Este foi alargado (ETACS) para 872-905 e 917-950 MHz. O sistema global TDMA digital para comunicações móveis (GSM) ocupa 925-969 e 880-915 MHz e as bandas de 1710 a 1785 e 1805 a 1880 MHz. Estes sistemas não são sub-bandados. O sistema universal de telecomunicações móveis de terceira geração (UMTS) utiliza o CDMA nas bandas de 1920 a 1980 MHz e de 2110 a 2170 MHz.

O diagrama de blocos do front-end de RF de uma estação de base de rádio celular típica é apresentado na Figura 2.1. Os sistemas estão normalmente a transmitir e a receber em simultâneo. O transmissor estará a gerar sinais de potência relativamente elevada, por exemplo, no caso do GSM, duas portadoras de 30 W, e o recetor tem de detetar sinais até -100 dBm. O filtro de transmissão deve ter um nível muito elevado de atenuação na banda de receção, normalmente 90 dB, para impedir que os produtos de intermodulação e o ruído do amplificador de potência sejam alimentados no recetor.

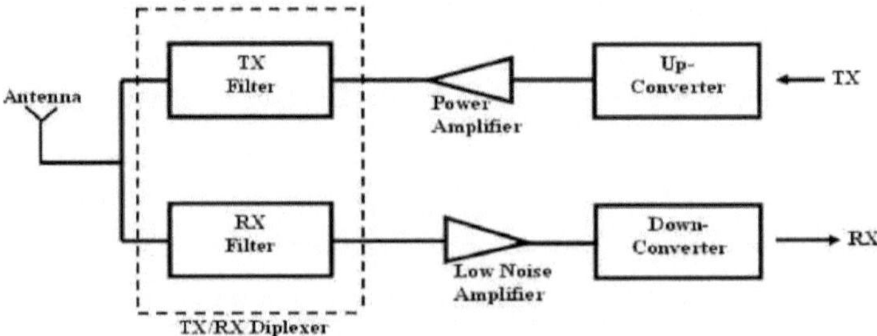

Figura 2.1: Front-end de RF de uma estação de base de rádio celular

Além disso, o filtro de transmissão deve ter uma perda de inserção na banda passante baixa, normalmente de 0,5-1 dB, para satisfazer os requisitos de linearidade e eficiência do amplificador de potência. Do mesmo modo, a figura de ruído do recetor dita uma baixa perda de inserção no filtro de receção e este filtro deve ter um isolamento elevado na banda de transmissão.

Todas as tecnologias de filtragem de telemóveis em miniatura utilizam ressoadores passivos. Em alternativa, vários investigadores estão a estudar a utilização de filtros activos. O desempenho sonoro dos filtros activos pode ser problemático e, por esta razão, é importante dispor de uma boa ferramenta teórica para a modelação e otimização do ruído.

2.5 Redes de filtros

As redes de filtros são elementos de construção essenciais em muitos domínios da engenharia de RF/micro-ondas. Essas redes são utilizadas para selecionar/rejeitar ou separar/combinar sinais a diferentes frequências numa série de sistemas e equipamentos de RF/micro-ondas. Embora a realização física dos filtros em frequências de RF/micro-ondas possa variar, a topologia da rede de circuitos é comum a todos. Nas frequências de micro-ondas, não existem voltímetros e amperímetros para a medição direta de tensões e correntes. Por esta razão, a tensão e a corrente, como medida do nível de excitação eléctrica de uma rede, não desempenham um papel primordial nas frequências de micro-ondas. Por outro lado, é útil poder descrever o funcionamento de uma rede de micro-ondas, como um filtro, em termos de tensões, correntes e impedâncias, a fim de utilizar da melhor forma os conceitos de rede de baixa frequência.

Para a caraterização do filtro, podemos definir dois parâmetros:

$$L_A = -20 \log|S_{mn}| \text{ dB} \qquad m, n = 1, 2 (m \neq n) \tag{2.1}$$

$$L_R = 20 \log|S_{nn}| \text{ dB} \qquad n = 1, 2$$

Onde L_A denota a perda de inserção entre as portas n e m e LR representa a perda de retorno na porta *n*.

Em vez de utilizar a perda de retorno, pode ser utilizado o rácio de onda estacionária de tensão *VSWR*. A definição de *VSWR* é:

$$VSWR = \frac{1 + |S_{nn}|}{1 - |S_{nn}|} \tag{2.2}$$

Sempre que um sinal é transmitido através de uma rede selectiva de frequência, como um filtro, é introduzido algum atraso no sinal de saída em relação ao sinal de entrada.

2.6 Função de transferência do filtro

2.6.1 Resposta geral

A função de transferência de uma rede de filtros de duas portas é uma descrição matemática das características de resposta da rede, nomeadamente, uma expressão matemática de s21. Uma função de transferência de amplitude ao quadrado para uma rede de filtros passivos sem perdas é definida como:

$$|S_{21}(j\Omega)|^2 = \frac{1}{1 + \varepsilon^2 F_n^2(\Omega)} \tag{2.3}$$

Onde **ε** é uma constante de ondulação, $F_n(\Omega)$ representa uma função de filtragem ou caraterística, e **Ω** é uma variável de frequência. **Ω** representa uma variável de frequência em radianos de um protótipo de filtro passa-baixo que tem uma frequência de corte em $\Omega = \Omega_c$ para$\Omega_c = 1$(rad/s).

Para redes lineares e invariantes no tempo, a função de transferência pode ser definida como uma função racional, ou seja

$$S_{21}(p) = \frac{N(p)}{D(p)} \tag{2.4}$$

em que N(p) e D(p) são polinómios numa variável de frequência complexa $p = \sigma + j\Omega$. Para uma rede passiva sem perdas, a frequência neper $\sigma = 0$ e $p = j\Omega$. A função de transferência racional da Eq. (2.4) que aproxima a resposta requerida pode ser construída a partir da função de transferência de amplitude ao quadrado da Eq. (2.3) **Temes e Mitra (1973)**, **Rhodes (1976)**. Para uma dada função de transferência da Eq. (2.3), a resposta de perda de inserção do filtro pode ser calculada por:

$$L_A(\Omega) = 10 \log \frac{1}{|S_{21}(j\Omega)|^2} \text{dB} \tag{2.5}$$

Uma vez que $|S_{11}|^2 + |S_{21}|^2 = 1$ para uma rede passiva de duas portas sem perdas, a resposta de perda de retorno do filtro pode ser encontrada utilizando:

$$L_R(\Omega) = 10 \log[1 - |S_{21}(j\Omega)|^2] \text{ dB} \tag{2.6}$$

Se estiver disponível uma função de transferência racional, a resposta de fase do filtro pode ser encontrada como,

$$\phi_{21} = \text{Arg } S_{21}(j\Omega) \tag{2.7}$$

A resposta de atraso de grupo desta rede pode então ser calculada por

$$\tau_d(\Omega) = -\frac{d\phi_{21}(\Omega)}{d\Omega} \text{ seconds} \tag{2.8}$$

em que **φ_{21} (Ω)** está em radianos e Ω está em radianos por segundo-

2.7 Métodos de conceção de filtros

Existem três métodos de conceção de filtros. O primeiro método é o método do parâmetro de impedância da imagem; o segundo método é o método da perda de inserção e o método de conceção assistida por computador (método CAD) **Pozar (2005**.

O método do parâmetro de imagem consiste numa cascata de secções de filtro de duas portas mais simples para fornecer as frequências de corte e as características de atenuação desejadas. Não dá aos projectistas a oportunidade de controlar a especificação de uma resposta em frequência ao longo de toda a gama de funcionamento. Assim, embora o procedimento seja relativamente simples, o projeto dos filtros pelo método dos parâmetros de imagem tem muitas vezes de ser repetido várias vezes para se obterem os resultados desejados.

O método da perda de inserção, **Pozar (2005** é um procedimento mais moderno, utiliza técnicas de síntese de rede para projetar filtros com uma resposta em frequência completamente especificada. O projeto é especificado com protótipos de filtros passa-baixo que são normalizados em termos de impedância e frequência. São então aplicadas transformações para converter os protótipos para a gama de frequências e o nível de impedância pretendidos. Para aplicações de micro-ondas, esses projectos têm normalmente de ser modificados para utilizar elementos distribuídos constituídos por secções de linhas de transmissão. As técnicas de transformação de Richard e as identidades de Kuroda são apresentadas para converter o projeto de elementos concentrados em elementos distribuídos.

O método de ***conceção assistida por computador*** (CAD) baseia-se no método da perda de inserção. Recentemente, registaram-se avanços extraordinários no CAD de circuitos de RF/micro-ondas, em especial nas simulações electromagnéticas (EM) de onda completa. Estes avanços foram implementados tanto em software comercial como em software interno específico e estão a ser aplicados à simulação, modelização, conceção e validação de filtros de micro-ondas. Os desenvolvimentos nesta área estão certamente a ser estimulados pelo aumento da potência dos computadores. Outra força motriz para os desenvolvimentos é a exigência de CAD para produção de baixo custo e de grande volume.

2.8 Características do filtro passa-baixo ideal

As respostas de um filtro passa-baixo ideal são mostradas na Figura. 2.2. A resposta em magnitude é igual a 1 para frequências que começam em zero até uma frequênciaΩc. Esta é a banda passante do filtro e Ωc é o limite da banda passante ou frequência de corte. A resposta de magnitude é então igual a zero para frequências de Ωc a infinito. Esta banda de frequências é a banda de paragem do filtro. Além disso, a resposta de fase do filtro deve ser linear com a frequência na banda passante e pode ter qualquer valor na banda de paragem, uma vez que a magnitude é zero. As condições podem ser expressas matematicamente da seguinte forma

$$|S_{21}(j\Omega)|^2 = 1\, \Omega \leq \Omega_c$$

$$|S_{21}(j\Omega)|^2 = 0\, \Omega \leq \Omega_c$$

$$\phi(\Omega) = -\kappa\Omega\ \Omega \leq \Omega_c$$

Infelizmente, o filtro passa-baixo ideal não é fisicamente realizável. Existem várias funções que podem aproximar a resposta de magnitude passa-baixo ideal que são realizáveis. As funções mais comuns são as funções Butterworth, Chebyshev e elíptica.

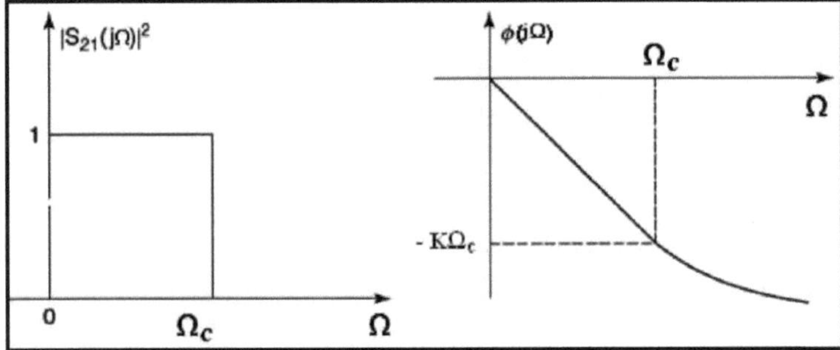

Figura 2.2: Características do filtro passa-baixo ideal

2.9 As funções de aproximação da resposta do filtro

2.9.1 Função Butterworth (resposta maximamente plana)

A função de transferência da amplitude ao quadrado para filtros Butterworth que têm uma perda de inserção

L_{Ar} = 3,01 dB na frequência de corte $\Omega_c = 1$ é dado por

$$|S_{21}(j\Omega)|^2 = \frac{1}{1 + \Omega^{2n}} \tag{2.9}$$

Onde *n* é o grau ou a ordem do filtro, que corresponde ao número de elementos reactivos necessários no protótipo do filtro passa-baixo. À medida que a ordem *n* da função Butterworth aumenta, melhor a função se aproxima da resposta de magnitude passa-baixo ideal. Este tipo de resposta é também designado por maximamente plana porque a sua função de transferência amplitude-quadrado definida na Eq. (2.9) tem o número máximo de (2n - 1) derivadas nulas em $\Omega = 0$. Por conseguinte, a aproximação maximamente plana ao filtro passa-baixo ideal na banda passante é melhor em $\Omega = 0$, mas deteriora-se à medida que Ω se aproxima da frequência de corte Ωc.A Figura 2.3 mostra uma resposta maximamente plana típica.

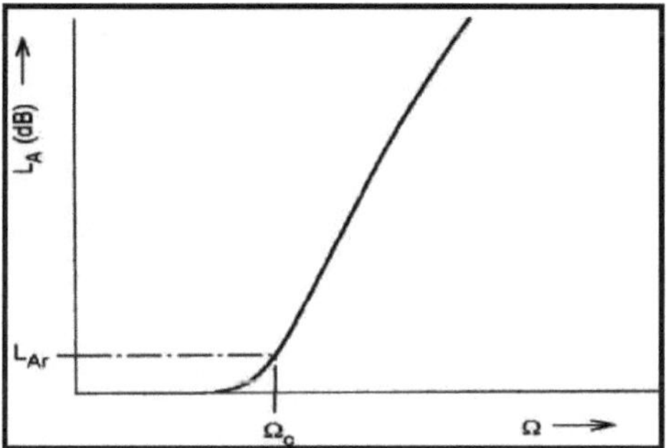

Figura 2.3: Resposta de um filtro passa-baixo Butterworth (maximamente plano)

Comparando a função Butterworth com a resposta passa-baixo ideal, a magnitude não cai subitamente para zero após a frequência de corte. Deve-se então definir três bandas de frequência: a banda passante, a região de transição e a banda de paragem. Uma banda passante prática não é definida como a banda de frequência em que a magnitude é igual a 1, mas como a banda de frequência em que a magnitude é superior a um determinado valor. A banda de paragem de um filtro prático é a banda de frequência em que a magnitude é inferior a um determinado valor. A região de transição é a banda de frequência entre a banda passante e a banda de paragem. A banda de transição deve ser tão pequena quanto possível. A rapidez com que a magnitude da função pode descer da banda passante para a banda de paragem, ou a dimensão da região de transição, é caracterizada pelo que se designa por seletividade do filtro.

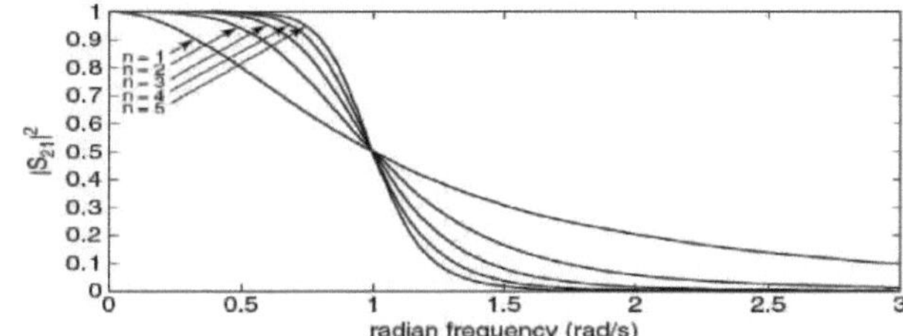

Figura 2.4: Resposta de um filtro passa-baixo Butterworth (maximamente plano)

A Figura 2.4 mostra que a seletividade da função de Butterworth melhora à medida que a ordem n é aumentada. O limite da banda passante para a função Butterworth é considerado como o ponto de meia potência (por exemplo, $|s_{21}|^2 = 0{,}5$) e ocorre na frequência $\Omega = 1$ rad/s. Uma função de transferência racional construída a partir da Eq. (2.9) é

$$S_{21}(p) = \frac{1}{\prod_{i=1}^{n}(p - p_i)} \quad (2.10)$$

$$p_i = j \exp\left[\frac{(2i-1)\pi}{2n}\right] \quad (2.11)$$

Não há zero de transmissão em frequência finita (todos os zeros de $s_{21}(p)$ estão no infinito), e os polos empilham-se sobre o círculo unitário no semiplano esquerdo com igual espaçamento angular, uma vez que $|p_i| = 1$ e $Arg\ p_i = (2i - 1)\ \pi\ /2\ \pi$. Isto é ilustrado na Figura 2.5.

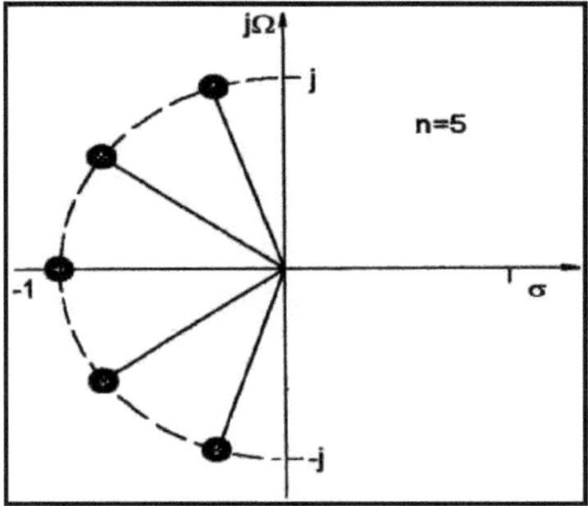

Figura 2.5: Distribuição de pólos para a resposta de Butterworth (maximamente plana)

2.9.2 Função Chebyshev (resposta de ondulação igual)

A resposta de Chebyshev que exibe a banda passante de triplo igual e a banda de paragem maximamente plana está representada na Figura 2.6. A função de transferência de amplitude ao quadrado que descreve este tipo de resposta é:

$$|S_{21}(j\Omega)|^2 = \frac{1}{1+\varepsilon^2 T_n^2(\Omega)} \quad (2.\ 12)$$

Em que a constante de ondulação **ε** está relacionada com uma dada ondulação de banda passante L_{Ar} in dB por:

$$\varepsilon = \sqrt{10^{\frac{L_{Ar}}{10}} - 1} \quad (2.13)$$

T_n ($\boldsymbol{\Omega}$)é uma função de Chebyshev de primeiro tipo de ordem *n*, que se define como

$$T_n(\Omega) = \begin{cases} \cos(n \cos^{-1} \Omega) & |\Omega| \leq 1 \\ \cosh(n \cosh^{-1} \Omega) & |\Omega| \geq 1 \end{cases} \tag{2.14}$$

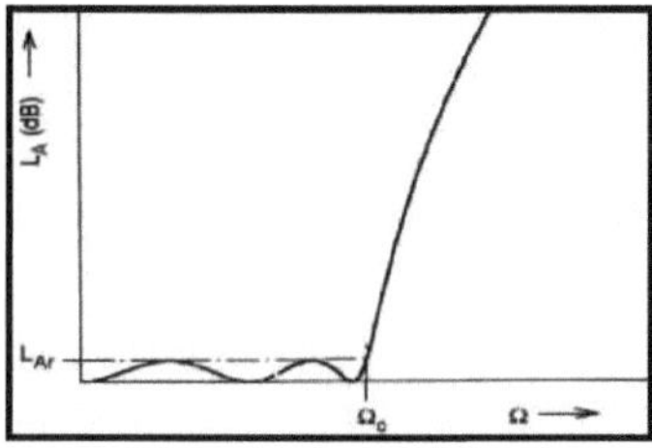

Figura 2.6: Resposta passa-baixo de Chebyshev

A Figura 2.7 apresenta gráficos da função de Chebyshev para ordens pares e ímpares. Quando a ordem é ímpar, a função é igual a 1 no zero, e quando a ordem é par, a função é igual a $1/(1 + \varepsilon^2)$ no zero. A função oscila então entre 1 e $1/(1 + \varepsilon^2)$ até atingir a frequência $\Omega = 1$ rad/s. Nessa frequência, todas as funções estão a $1/(1 + \varepsilon^2)$ pela última vez. Depois de $\Omega = 1$ rad/s, as funções vão para zero monotonicamente. O limite da banda passante da função de Chebyshev é considerado como o último ponto de cruzamento em $1/(1 + \varepsilon^2)$ em vez do ponto de meia potência e é igual a $\Omega = 1$ rad/s. À medida que a ordem *n* da função de Chebyshev aumenta e que ε é mantido pequeno, melhor a função se aproxima da resposta de magnitude passa-baixo ideal. Para a mesma ordem *n*, a função de Chebyshev tem melhor seletividade do que a função de Butterworth.

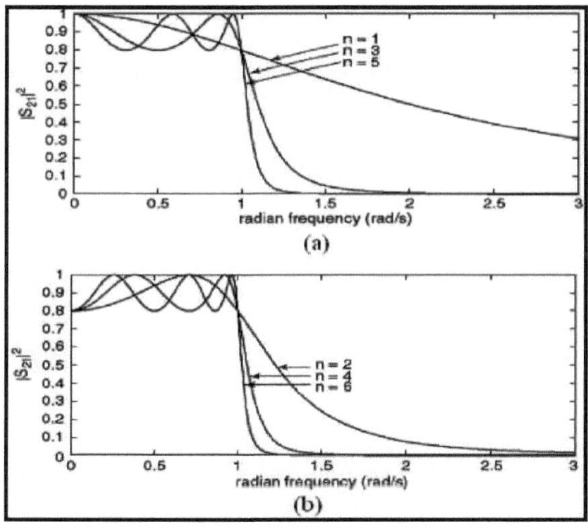

Figura 2.7: Respostas de Chebyshev passa-baixo ($\varepsilon = 0,5$), (a) n ímpar e (b) n par

Rhodes (1976) derivou uma fórmula geral da função de transferência racional da Eq. (2.12) para o filtro de Chebyshev, ou seja

$$S_{21}(p) = \frac{\prod_{i=1}^{n}[\eta^2 + \sin^2(i\pi/n)]^{1/2}}{\prod_{i=1}^{n}(p + p_i)} \quad (2.15)$$

Where

$$p_i = j\cos\left[\sin^{-1} j\eta + \frac{(2i-1)\pi}{2n}\right] \quad (2.16)$$

$$\eta = \sinh\left(\frac{1}{n}\sinh^{-1}\frac{1}{\varepsilon}\right) \quad (2.17)$$

À semelhança do caso maximamente plano, todos os zeros de transmissão de $s_{21}(p)$ estão localizados no infinito. Por conseguinte, os filtros Butterworth e Chebyshev tratados até agora são por vezes referidos como filtros de todos os pólos. No entanto, as localizações dos pólos para o caso Chebyshev são diferentes e situam-se numa elipse no semiplano esquerdo. O eixo maior da elipse está no eixo $j\Omega$ e o seu tamanho é $\sqrt{(1+\eta^2)}$; o eixo menor está sobre o eixo σ e tem o tamanho η. A distribuição dos pólos está representada, para n = 5, na Figura 2.8.

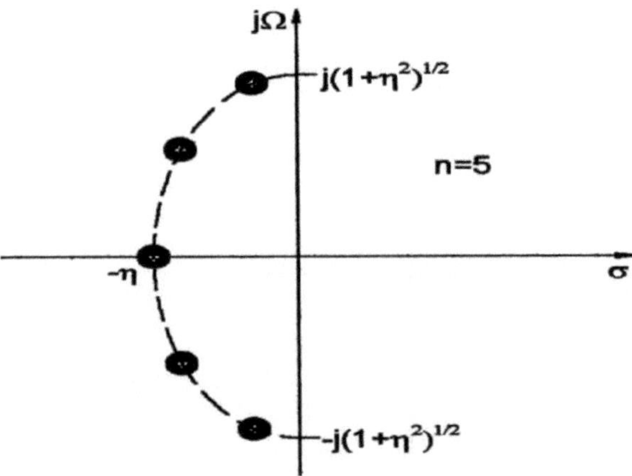

Figura 2.8: A distribuição de pólos para a resposta de Chebyshev

2.9.3 Resposta da função elíptica

A resposta do filtro elíptico é igual à da banda passante e da banda de paragem, como ilustrado na Figura 2.9. A função de transferência para este tipo de resposta é apresentada na Figura 2.10.

$$|S_{21}(j\Omega)|^2 = \frac{1}{1+\varepsilon^2 F_n^2(\Omega)} \quad (2.18)$$

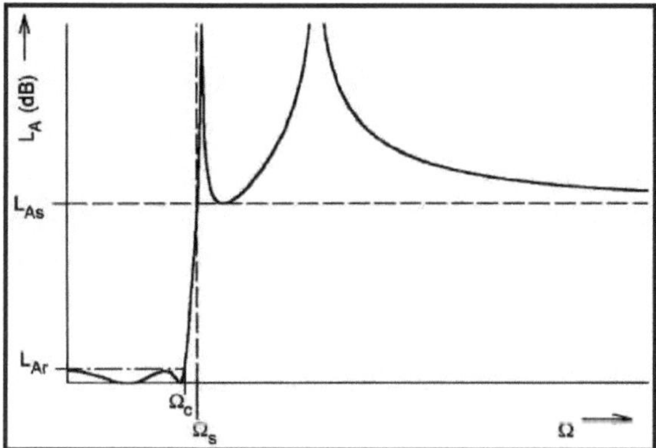

Figura 2.9: Resposta da função elíptica

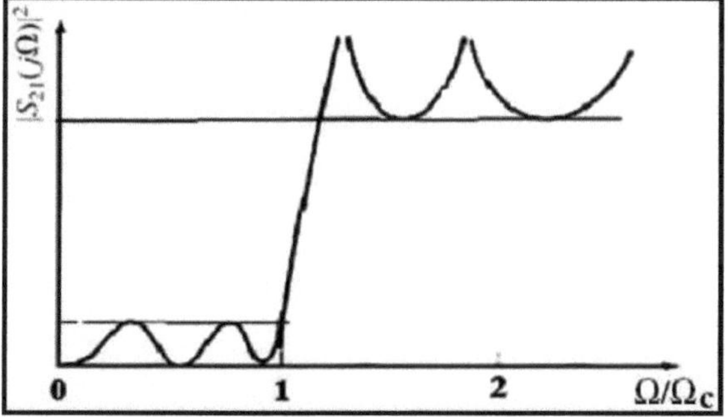

Figura 2.10: Função de transferência da resposta da função elíptica

$$F_n(\Omega) = \begin{cases} M\dfrac{\prod_{i=1}^{n/2}(\Omega_i^2-\Omega^2)}{\prod_{i=1}^{n/2}(\Omega_s^2/\Omega_i^2-\Omega^2)} & \text{for } n \text{ even} \\ N\dfrac{\Omega\prod_{i=1}^{(n-1)/2}(\Omega_i^2-\Omega^2)}{\prod_{i=1}^{(n-1)/2}(\Omega_s^2/\Omega_i^2-\Omega^2)} & \text{for } n(\geq 3) \text{ odd} \end{cases} \quad (2.19)$$

Where Ω_i (0 < Ω_i < 1) e Ω_s > 1 representam algumas frequências críticas; *M*.und.*Vsão* constantes a serem definidas **Papoulis (1962); Weinberg (1996)**. F_n (Ω)oscilará entre ±1 para $|\Omega| \leq 1$, e ||**Fn**($\Omega = \pm 1$)| = 1. A inspeção de F_i (Ω)na Eq. (2.19) mostra que os seus zeros e pólos são inversamente proporcionais, sendo a constante de proporcionalidade Ω_s. Uma propriedade importante disso é que, se Ω *puder* ser encontrado de forma que $F_n(\Omega)$ tenha ondulações iguais na banda passante, ele automaticamente terá ondulações iguais na banda de parada. O parâmetro Ω_s é a frequência em que a banda de paragem de ondulação igual começa. Para *n evenF*$_n$ $(\Omega_s) = M$ é necessário, o que pode ser utilizado para definir o mínimo na banda de paragem para uma constante de ondulação da banda passante especificada ε. A função de transferência dada na Eq. (2.18) pode conduzir a expressões que contêm funções elípticas; por esta razão, os filtros que apresentam uma resposta deste tipo são designados por filtros de função elíptica, ou simplesmente filtros elípticos. Ocasionalmente, podem também ser designados por filtros de Cauer, em homenagem à pessoa que introduziu pela primeira vez a função deste tipo, **Cauer (1958)**.

2.9.4 Resposta Gaussiana (Atraso de Grupo Maximamente Plano)

A resposta gaussiana é aproximada por uma função de transferência racional **Weinberg (1996)**:

$$S_{21}(p) = \frac{a_0}{\sum_{k=0}^{n} a_k p^k} \tag{2.20}$$

Em que $p = \sigma + j\,\Omega$ é a variável de frequência complexa normalizada e os coeficientes

$$a_k = \frac{(2n-k)!}{2^{n-k}k!(n-k)!} \tag{2.21}$$

Esta função de transferência possui um atraso de grupo que tem o número máximo possível de derivadas nulas em relação a Ω em $\Omega = 0$, razão pela qual se diz que tem um atraso de grupo maximamente plano em torno de $\Omega = 0$ e é, de certa forma, complementar à resposta de Butterworth, que tem uma amplitude maximamente plana **Thomson (1949)**. Os polinómios resultantes da Eq. (2.20), com coeficientes dados na Eq. (2.21), estão relacionados com as funções de Bessel. Por estas razões, os filtros deste tipo são também designados por filtros de Bessel e/ou de Thomson. A Figura 2.11 mostra duas respostas gaussianas típicas para n = 3 e n = 5, que são obtidas a partir da Eq. (2.20). Em geral, os filtros Gaussianos têm uma fraca seletividade, como se pode ver pela amplitude respostas na Figura 2.11(a). Com o aumento da ordem *n* do filtro, a seletividade melhora pouco e a perda de inserção em decibéis aproxima-se da forma gaussiana **Temes e Mitra (1973)**:

$$L_A(\Omega) = 10 \log e^{\frac{\Omega^2}{(2n-1)}} \text{ dB} \tag{2.22}$$

O uso desta equação dá a largura de banda de 3 dB como:

$$\Omega_{3\,\text{dB}} \approx \sqrt{(2n-1)\ln 2} \tag{2.23}$$

Esta aproximação é boa para n ≥ Assim, ao contrário da resposta de Butterworth, a largura de banda de 3 dB de um filtro Gaussiano é uma função da ordem do filtro; quanto maior a ordem do filtro, maior a largura de banda de 3 dB.

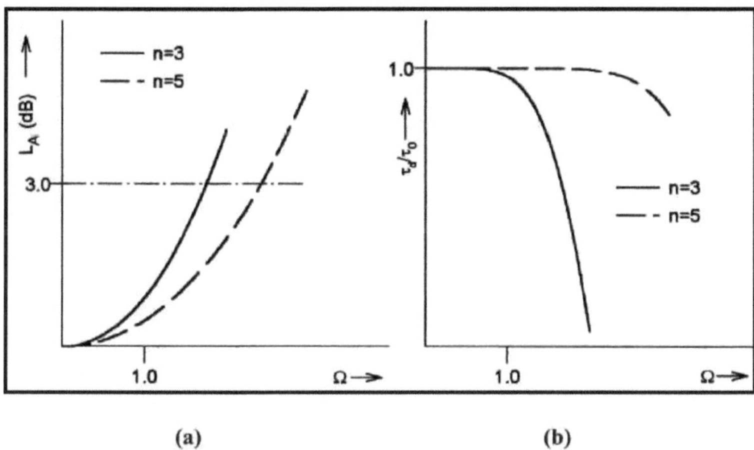

(a) (b)

Figura 2.11: Resposta gaussiana (atraso de grupo maximamente plano): (a) Amplitude, (b) Atraso de grupo

2.10 Processo de conceção de filtros pelo método da perda de inserção

Para construir filtros específicos utilizando o método da perda de inserção, é necessário relacionar as características de frequência pretendidas com os parâmetros da estrutura do filtro. O fluxograma geral do projeto de filtros pelo método da perda de inserção é apresentado na Figura 2.12, Pozar (2005). O projeto de filtros é precedido de quatro etapas básicas:

Em primeiro lugar, devem ser caracterizadas as especificações do filtro necessárias, por exemplo, filtro passa-alto ou passa-banda, frequência de corte necessária, taxa de corte e características da banda passante, etc. Em seguida, selecionar a resposta necessária a utilizar, resposta maximamente plana ou ondulação igual, etc.

O segundo passo é conceber o protótipo passa-baixo. Um protótipo passa-baixo é uma rede passiva de duas portas, recíproca e sem perdas, concebida para funcionar a partir de um gerador de 1Ω. A resposta da rede tem uma caraterística passa-baixo com a sua frequência de extremo de banda em $\Omega c=1$ rad/segundo. A resposta em amplitude da rede é concebida para cumprir, pelo menos, uma especificação mínima de perda de retorno na banda passante LR e de perda de inserção na banda de paragem LA. Uma vez que a rede é normalmente sem perdas, não há necessidade de especificar a perda de inserção na banda passante, uma vez que está relacionada com a perda de retorno pelas condições unitárias. Pode haver uma especificação da linearidade de fase ou do atraso de grupo na caraterística da banda passante do filtro.

A terceira etapa do processo de conceção consiste em deslocar a resposta do protótipo para a frequência pretendida, ou seja, o escalonamento da frequência, e depois aplicar o escalonamento da impedância para obter uma melhor correspondência. A última etapa dos procedimentos de projeto consiste em converter todos os elementos concentrados em elementos distribuídos utilizando determinadas transformações. Todos estes passos podem ser resumidos no diagrama de blocos da Figura 2.12.

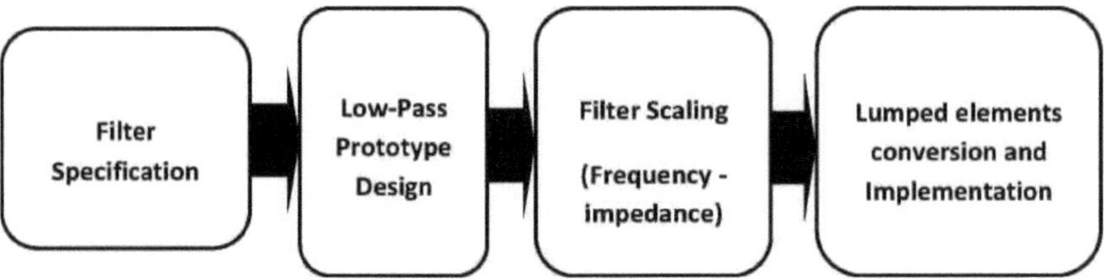

Figura 2.12: Gráfico geral das etapas de conceção de um filtro pelo método da perda de inserção

2.11 Protótipos de filtros passa-baixo

Sínteses de filtros para a realização das funções de transferência; geralmente resultam nos chamados filtros protótipos passa-baixas **Darlington (1939); Saal e Ulbrich (1958**). Um filtro protótipo passa-baixo é, em geral, definido como o filtro passa-baixo cujos valores dos elementos são normalizados para que a resistência ou condutância da fonte seja igual a um, denotado por $g_0 = 1$, e a frequência angular de corte seja a unidade, denotada por $\Omega c = 1$(rad/s).

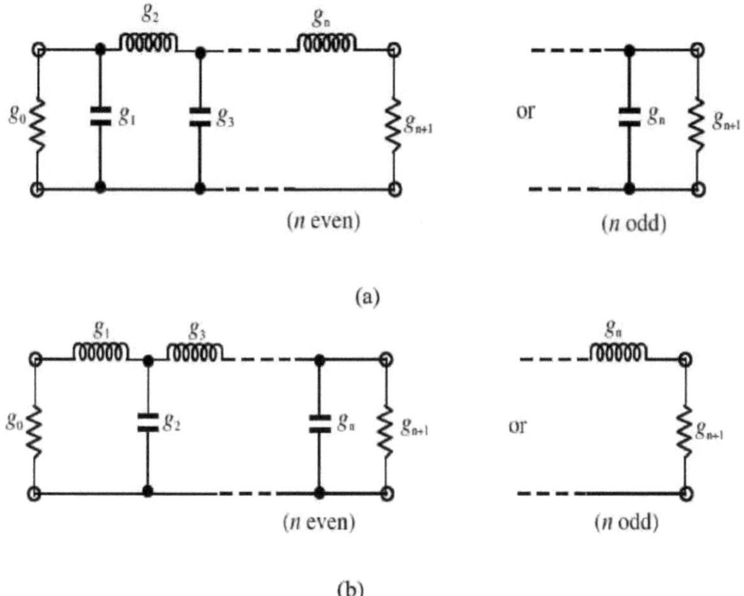

Figura 2.13: Protótipos de filtros passa-baixo para filtros de todos os pólos com (a) uma estrutura de rede em escada e (b) o seu duplo

Por exemplo, a Figura 2.13 demonstra duas formas possíveis de um protótipo passa-baixas de *n pólos* para obter uma resposta de filtro de *todos os pólos*, incluindo as respostas de Butterworth, Chebyshev e Gaussiana. Qualquer uma das formas pode ser usada, pois ambas são duais entre si e dão a mesma resposta. Deve-se notar que, na Figura 2.13, g_i para i = 1 a n representa a indutância de um indutor em série ou a capacitância de um capacitor em derivação; portanto, *n* também é o número de elementos reativos. Se *g1 for a capacitância* shunt ou a indutância série, então g0 é definido como a resistência da fonte ou a condutância da fonte. Da mesma forma, se gn for a capacitância de derivação ou a indutância em série, g_{n+1} torna-se a resistência de carga ou a condutância de carga. Salvo indicação em contrário, estes valores de g são supostos ser a indutância em henries, a capacitância em farads, a resistência em ohms e a condutância em mhos. Este tipo de filtro passa-baixo pode servir de protótipo para a conceção de muitos filtros práticos com transformações de frequência e de elementos.

2.11.1 Protótipos de filtros passa-baixo Butterworth

Para filtros protótipos Butterworth ou filtros passa-baixo maximamente planos com uma função de transferência dada na Eq. (2.9) com uma perda de inserção L_A = 3,01 dB no corte Ωc = 1, os valores dos elementos, como se refere na Figura 2.13, podem ser calculados por

$$g_0 = 1.0$$
$$g_i = 2\sin\left(\frac{(2i-1)\pi}{2n}\right) \quad \text{for } i = 1 \text{ to } n \tag{2.24}$$
$$g_{n+1} = 1.0$$

Como pode ser visto, os filtros Butterworth de duas portas considerados aqui são sempre simétricos na estrutura da rede, ou seja, $g0 = g_{n+1}$, $g1 = g_{ne}$ assim por diante. Para determinar o grau de um protótipo passa-baixo Butterworth, é dada uma especificação que é geralmente a atenuação mínima da banda de paragem L_{As} dB em $\Omega = \Omega_s$ para $\Omega_s > 1$. Assim

$$n \geq \frac{\log(10^{0.1L_{AS}} - 1)}{2\log\Omega_s} \tag{2.25}$$

Por exemplo, se $L_{AS} = 40$ dB e $\Omega s = 2$, $n \geq 6{,}644$, ou seja, deve ser escolhido um protótipo Butterworth de 7 pólos (n = 7).

2.11.2 Protótipos de filtros passa-baixo Chebyshev.

Para os protótipos de filtros passa-baixo Chebyshev com uma função de transferência dada pela Eq. (2.12), com uma ondulação de banda passante L_{Ar}- dB e a frequência de corte $\Omega_c = 1$, os valores dos elementos para as redes de duas portas mostradas na Figura 2.13 podem ser calculados utilizando as seguintes fórmulas

$$g_0 = 1.0$$
$$g_1 = \frac{2}{\gamma}\sin\left(\frac{\pi}{2n}\right)$$
$$g_i = \frac{1}{g_{i-1}} \frac{4\sin\left[\frac{(2i-1)\pi}{2n}\right]\cdot\sin\left[\frac{(2i-3)\pi}{2n}\right]}{\gamma^2 + \sin^2\left[\frac{(i-1)\pi}{n}\right]} \quad \text{for } i = 2, 3, \cdots n \tag{2.26}$$
$$g_{n+1} = \begin{cases} 1.0 & \text{for } n \text{ odd} \\ \coth^2\left(\frac{\beta}{4}\right) & \text{for } n \text{ even} \end{cases}$$

Onde

$$\beta = \ln\left[\coth\left(\frac{L_{Ar}}{17.37}\right)\right]$$

$$\gamma = \sinh\left(\frac{\beta}{2n}\right)$$

Para a ondulação da banda passante requerida *LArdB*, a atenuação mínima da banda de paragem L_{As} dB em $\Omega = \Omega_s$, o grau de um protótipo de passagem de Chebyshevlow, que satisfará esta especificação, pode ser encontrado por:

$$n \geq \frac{\cosh^{-1}\sqrt{\frac{10^{0.1L_{As}}-1}{10^{0.1L_{Ar}}-1}}}{\cosh^{-1}\Omega_s} \tag{2.27}$$

Usando o mesmo exemplo dado acima para o protótipo Butterworth, ou seja, $L_{As} \geq 40$ dB em $\Omega_s = 2$, mas uma ondulação de banda passante $L_A = 0,1$ dB para a resposta Chebyshev, temos $n \geq 5,45$, ou seja, $n = 6$ para que o protótipo Chebyshev atenda a essa especificação. Isto demonstra que a superioridade do projeto Chebyshev sobre o projeto Butterworth para este tipo de especificação.

Por vezes, especifica-se a perda de retorno mínima LR ou o rácio de onda estacionária de tensão máximo VSWR na banda passante em vez da ondulação da banda passante L_{Ar} . Se a perda de retorno for definida pela Eq. (2.6) e a perda de retorno mínima na banda passante for LR dB (LR< 0), a ondulação da banda passante correspondente é

$$L_{Ar} = -10\log(1 - 10^{0.1L_R})\ \text{dB} \tag{2.28}$$

2.10.1 Protótipos de filtros passa-baixo de função elíptica.

Na Figura 14(*a*), os ramos série de circuitos ressonantes paralelos são introduzidos para realizar os zeros de transmissão de frequência finita, uma vez que bloqueiam a transmissão por terem impedância série infinita (circuito aberto) na ressonância. Para esta forma do protótipo passa-baixo de função elíptica (como se mostra na Figura 2.14(*a*)), *gi* para *i* ímpar (i=1, 3, - - - -) representa a capacitância de um condensador shunt, *gi* para *i par* (*i*=*2*, 4, - - - -) representa a indutância de um indutor, e o *g'i* preparado para *i* par (*i*=*2*, 4, - - - -) é a capacitância de um condensador num ramo em série do circuito ressonante paralelo. Para a forma de realização dupla da Figura14(*b*), os ramos shunt dos circuitos ressonantes série são utilizados para implementar os zeros de transmissão de frequência finita, uma vez que provocam um curto-circuito na transmissão em ressonância.14(*b*), *gi* para *i* ímpar (*i*= 1, 3, - - - -) é a indutância de um indutor em série, *gi* para *i par* (*i*=*2*, 4, - - - -) é a capacitância de um condensador, e *g'i* para *i* par (*i*=, 4, - - - -) indica a indutância de um indutor num ramo em derivação de um circuito ressonante em série. Mais uma vez, qualquer uma das formas pode ser utilizada, porque ambas dão a mesma resposta

Ao contrário dos protótipos de filtros passa-baixo Butterworth e Chebyshev, não existe uma fórmula simples disponível para determinar os valores dos elementos dos protótipos de filtros passa-baixo de função elíptica A Tabela 1 tabula alguns dados úteis de projeto para os protótipos de filtros passa-baixo de função elíptica de duas portas com terminais iguais ($g_0 = g_{n+1} = 1$), apresentados na Figura 2.14.

Os valores destes elementos são dados para uma ondulação da banda passante L_A = 0,1 dB, um corte Ω_c = 1, e vários Ωs, que é a frequência de início da banda de paragem de ondulação igual, referindo-se à Figura 2.9. Além disso, ao lado deste parâmetro de frequência está listada a perda de inserção mínima da banda de paragem L_{As} indB. Um Ω_s mais pequeno implica uma maior seletividade do filtro à custa da redução da rejeição da banda de paragem, como se pode ver na Tabela 2.1.

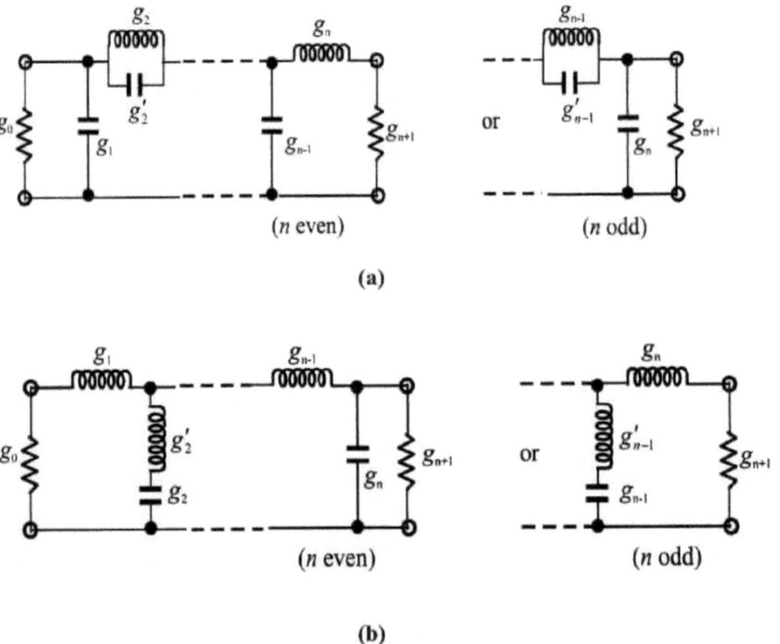

Figura 2.14.Protótipos de filtros passa-baixo para filtros de função elíptica com (a) ramos ressonantes em paralelo em série, (b) o seu duplo com ramos ressonantes em série em derivação

Estão disponíveis na literatura tabelas mais extensas de filtros de função elíptica, tais como **Saal e Ulbrich (1958)**. O grau de um protótipo passa-baixo de função elíptica para satisfazer uma dada especificação pode ser encontrado a partir da função de transferência ou de tabelas de projeto como a Tabela 2.1. Por exemplo, considerando o mesmo exemplo usado acima para o protótipo Butterworth e Chebyshev, ou seja, $L_{As} \geq 40$ dB em $\Omega_s = 2$ e a ondulação da banda passante $L_{Ar} = 0,1$ dB, podemos determinar imediatamente $n = 5$ inspecionando os dados de projeto, ou seja, Ω_s e L_{As} listados na Tabela 2.1. Isso também mostra que o projeto da função elíptica é superior aos projetos de Butterworth e Chebyshev para esse tipo de especificação.

Table 2.1: Valores dos elementos para protótipos de filtros passa-baixo de função elíptica ($g_0 = g_{n+1} = 1,0$, $\Omega_c = 1$, $L_{Ar} = 0,1$ dB)

n	Ω_s	L_{As} dB	g_1	g_2	g_2'	g_3	g_4	g_4'	g_5	g_6	g_6'	g_7
3	1.4493	13.5698	0.7427	0.7096	0.5412	0.7427						
	1.6949	18.8571	0.8333	0.8439	0.3252	0.8333						
	2.0000	24.0012	0.8949	0.9375	0.2070	0.8949						
	2.5000	30.5161	0.9471	1.0173	0.1205	0.9471						
4	1.2000	12.0856	0.3714	0.5664	1.0929	1.1194	0.9244					
	1.2425	14.1259	0.4282	0.6437	0.8902	1.1445	0.9289					
	1.2977	16.5343	0.4877	0.7284	0.7155	1.1728	0.9322					
	1.3962	20.3012	0.5675	0.8467	0.5261	1.2138	0.9345					
	1.5000	23.7378	0.6282	0.9401	0.4073	1.2471	0.9352					
	1.7090	29.5343	0.7094	1.0688	0.2730	1.2943	0.9348					
	2.0000	36.0438	0.7755	1.1765	0.1796	1.3347	0.9352					
5	1.0500	13.8785	0.7081	0.7663	0.7357	1.1276	0.2014	4.3812	0.0499			
	1.1000	20.0291	0.8130	0.9242	0.4934	1.2245	0.3719	2.1350	0.2913			
	1.1494	24.5451	0.8726	1.0084	0.3845	1.3097	0.4991	1.4450	0.4302			
	1.2000	28.3031	0.9144	1.0652	0.3163	1.3820	0.6013	1.0933	0.5297			
	1.2500	31.4911	0.9448	1.1060	0.2694	1.4415	0.6829	0.8827	0.6040			
	1.2987	34.2484	0.9681	1.1366	0.2352	1.4904	0.7489	0.7426	0.6615			
	1.4085	39.5947	1.0058	1.1862	0.1816	1.5771	0.8638	0.5436	0.7578			
	1.6129	47.5698	1.0481	1.2416	0.1244	1.6843	1.0031	0.3540	0.8692			
	1.8182	54.0215	1.0730	1.2741	0.0919	1.7522	1.0903	0.2550	0.9367			
	2.000	58.9117	1.0876	1.2932	0.0732	1.7939	1.1433	0.2004	0.9772			
6	1.0500	18.6757	0.4418	0.7165	0.9091	0.8314	0.3627	2.4468	0.8046	0.9986		
	1.1000	26.2370	0.5763	0.8880	0.6128	0.9730	0.5906	1.3567	0.9431	1.0138		
	1.1580	32.4132	0.6549	1.0036	0.4597	1.0923	0.7731	0.9284	1.0406	1.0214		
	1.2503	39.9773	0.7422	1.1189	0.3313	1.2276	0.9746	0.6260	1.1413	1.0273		
	1.3024	43.4113	0.7751	1.1631	0.2870	1.2832	1.0565	0.5315	1.1809	1.0293		
	1.3955	48.9251	0.8289	1.2243	0.2294	1.3634	1.1739	0.4148	1.2366	1.0316		
	1.5962	58.4199	0.8821	1.3085	0.1565	1.4792	1.3421	0.2757	1.3148	1.0342		
	1.7032	62.7525	0.9115	1.3383	0.1321	1.5216	1.4036	0.2310	1.3429	1.0350		
	1.7927	66.0190	0.9258	1.3583	0.1162	1.5505	1.4453	0.2022	1.3619	1.0355		
	1.8915	69.3063	0.9316	1.3765	0.1019	1.5771	1.4837	0.1767	1.3794	1.0358		
7	1.0500	30.5062	0.9194	1.0766	0.3422	1.0962	0.4052	2.2085	0.8434	0.5034	2.2085	0.4110
	1.1000	39.3517	0.9882	1.1673	0.2437	1.2774	0.5972	1.3568	1.0403	0.6788	1.3568	0.5828
	1.1494	45.6916	1.0252	1.2157	0.1940	1.5811	0.9939	0.5816	1.2382	0.5243	0.5816	0.4369
	1.2500	55.4327	1.0683	1.2724	0.1382	1.7059	1.1340	0.4093	1.4104	0.7127	0.4093	0.6164
	1.2987	59.2932	1.0818	1.2902	0.1211	1.7478	1.1805	0.3578	1.4738	0.7804	0.3578	0.6759
	1.4085	66.7795	1.1034	1.3189	0.0940	1.8177	1.2583	0.2770	1.5856	0.8983	0.2770	0.7755
	1.5000	72.1183	1.1159	1.3355	0.0786	1.7569	1.1517	0.3716	1.6383	1.1250	0.3716	0.9559
	1.6129	77.9449	1.1272	1.3506	0.0647	1.8985	1.3485	0.1903	1.7235	1.0417	0.1903	0.8913
	1.6949	81.7567	1.1336	1.3590	0.0570	1.9206	1.3734	0.1675	1.7628	1.0823	0.1675	0.9231
	1.8182	86.9778	1.1411	1.3690	0.0479	1.9472	1.4033	0.1408	1.8107	1.1316	0.1408	0.9616

2.11.4 Protótipos de Filtros Gaussianos de Passagem Baixa

As redes de filtros mostradas na Figura 2.13 podem também servir como protótipos de filtros Gaussianos passa-baixo, uma vez que os filtros Gaussianos são filtros de todos os pólos, tal como os filtros Butterworth ou Chebyshev. Os valores dos elementos dos filtros protótipos gaussianos são normalmente obtidos por síntese de rede **Helszajn (1990); Weinberg (1996)**. A Tabela 2.2 apresenta alguns dos valores dos elementos mais utilizados no projeto deste tipo de filtros, bem como dois parâmetros de projeto úteis. O primeiro é o valor de Ω, denotado por $\Omega_{1\%}$ para o qual o atraso de grupo diminuiu 1% em relação ao seu valor em $\Omega = 0$. Junto com este parâmetro está a perda de inserção em $\Omega_{1\%}$, denotada por $L_{\Omega 1\%}$ em dB. A tabela não inclui o protótipo passa-baixo gaussiano n = 1, que é idêntico ao protótipo passa-baixo Butterworth de primeira ordem.

Table 2.2: Valores dos elementos para protótipos de filtros Gaussianos passa-baixo

($g_0 = g_{n+1} = 1{,}0$, $\Omega_s = 1$)

n	$\Omega_{1\%}$	$L_{\Omega 1\%}$ dB	g_1	g_2	g_3	g_4	g_5	g_6	g_7	g_8	g_9	g_{10}
2	0.5627	0.4794	1.5774	0.4226								
3	1.2052	1.3365	1.2550	0.5528	0.1922							
4	1.9314	2.4746	1.0598	0.5116	0.3181	0.1104						
5	2.7090	3.8156	0.9303	0.4577	0.3312	0.2090	0.0718					
6	3.5245	5.3197	0.8377	0.4116	0.3158	0.2364	0.1480	0.0505				
7	4.3575	6.9168	0.7677	0.3744	0.2944	0.2378	0.1778	0.1104	0.0375			
8	5.2175	8.6391	0.7125	0.3446	0.2735	0.2297	0.1867	0.1387	0.0855	0.0289		
9	6.0685	10.3490	0.6678	0.3203	0.2547	0.2184	0.1859	0.1506	0.1111	0.0682	0.0230	
10	6.9495	12.188	0.6305	0.3002	0.2384	0.2066	0.1808	0.1539	0.1240	0.0911	0.0557	0.0187

A partir dos valores tabelados dos elementos, pode-se observar que, mesmo com terminações iguais ($g_0 = g_{n+1} = 1$), os filtros gaussianos ($n \geq 2$) são assimétricos em suas estruturas. É digno de nota que os filtros gaussianos de ordem superior ($n \geq 5$) estendem a propriedade de atraso de grupo plano para a faixa de frequência em que a perda de inserção excedeu 3 dB. Se definirmos uma largura de banda de 3 dB como a banda passante e exigirmos que o atraso de grupo seja plano dentro de 1% sobre a banda passante, o protótipo gaussiano de 5 pólos ($n = 5$) seria a melhor escolha para o projeto, com o número mínimo de elementos. Isto deve-se ao facto de o filtro protótipo gaussiano de 4 pólos cobrir apenas 91% da largura de banda de 3 dB com uma planicidade de 1% do atraso de grupo.

2.12 Transformações de frequência e de elementos

Para obter características de frequência e valores de elementos para filtros práticos baseados no protótipo passa-baixo, podem aplicar-se transformações de frequência e de elementos. A transformação de frequências, também designada por mapeamento de frequências, é necessária para mapear uma resposta como a resposta de Chebyshev no domínio de frequências do protótipo passa-baixo **Ω** para o domínio de frequências **ω**, no qual se exprime a resposta de um filtro prático como o passa-baixo, o passa-alto, o passa-banda e o para-banda. A transformação da frequência terá um efeito sobre todos os elementos reactivos em conformidade, mas nenhum efeito sobre os elementos resistivos.

Para além do mapeamento da frequência, é também necessário o escalonamento da impedância para efetuar a transformação do elemento. O escalonamento da impedância removerá a normalização g0

= 1 e ajustará o filtro para funcionar para qualquer valor da impedância da fonte denotada por z_0. Definimos o fator de escala da impedância $\gamma 0$ como mostrado na Eq. (2.29)

$$\gamma_0 = \begin{cases} Z_0/g_0 & \text{for } g_0 \text{ being the resistance} \\ g_0/Y_0 & \text{for } g_0 \text{ being the conductance} \end{cases} \quad (2.29)$$

Em que $Y_0 = 1/Z_0$ é a admitância da fonte. Em princípio, a aplicação do escalonamento de impedâncias a uma rede de filtros de forma a que

$$L \rightarrow \gamma_0 L \qquad C \rightarrow C/\gamma_0 \quad (2.30)$$

$$R \rightarrow \gamma_0 R \qquad G \rightarrow G/\gamma_0$$

Seja ***g*** o termo genérico para os elementos do protótipo passa-baixo na transformação de elementos, porque é independente da transformação de frequência, a seguinte transformação de elementos resistivos é válida para qualquer tipo de filtro:

$$R = \gamma_0 g \quad \text{for } g \text{ representing the resistance}$$

$$G = \frac{g}{\gamma_0} \quad \text{for } g \text{ representing the conductance}$$

2.12.1 Transformação passa-baixo

A transformação de frequência de um protótipo passa-baixo para um filtro passa-baixo prático com uma frequência de corte ωno eixo de frequência angular ω é simplesmente dada por

$$\Omega = \left(\frac{\Omega_c}{\omega_c}\right)\omega \quad (2.31)$$

Aplicando a Eq. (2.31) juntamente com o escalonamento da impedância descrito acima, obtém-se a transformação do elemento:

$$L = \left(\frac{\Omega_c}{\omega_c}\right)\gamma_0 g \quad \text{for } g \text{ representing the inductance}$$

$$C = \left(\frac{\Omega_c}{\omega_c}\right)\frac{g}{\gamma_0} \quad \text{for } g \text{ representing the capacitance} \quad (2.32)$$

O que é mostrado na Figura 2.15.

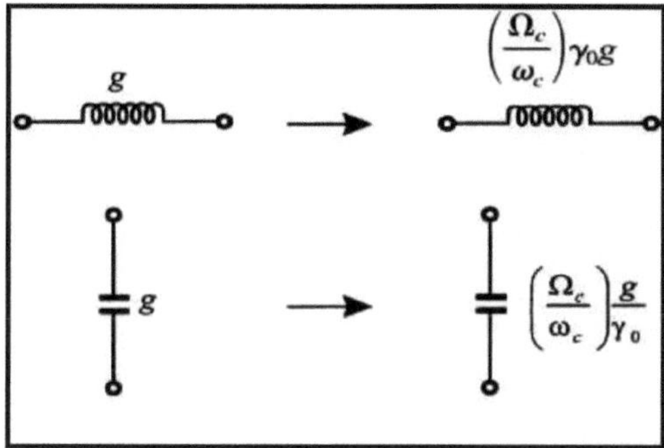

Figura 2.15: Transformação de protótipo passa-baixo em passa-baixo

2.12.2 Transformação passa-alto

Para filtros passa-altas com uma frequência de corte ωιιυ cixo ω, a transformação de frequência é:

$$\Omega = -\frac{\omega_c \Omega_c}{\omega} \tag{2.33}$$

Aplicando esta transformação de frequência a um elemento reativo g no protótipo passa-baixo, obtém-se

O elemento indutivo/capacitivo $j\Omega g \rightarrow \frac{\omega_c \Omega_c g}{j\omega}$ no protótipo passa-baixo

será transformado inversamente num elemento capacitivo/indutivo no filtro passa-alto. Com o escalonamento da impedância, a transformação do elemento é dada por:

$$C = \left(\frac{1}{\omega_c \Omega_c}\right)\frac{1}{\gamma_0 g}$$ **for g representing the inductance**

$$L = \left(\frac{1}{\omega_c \Omega_c}\right)\frac{\gamma_0}{g}$$ **for g representing the capacitance**

Este tipo de transformação de elementos é apresentado na Figura 2.16.

(2.35)

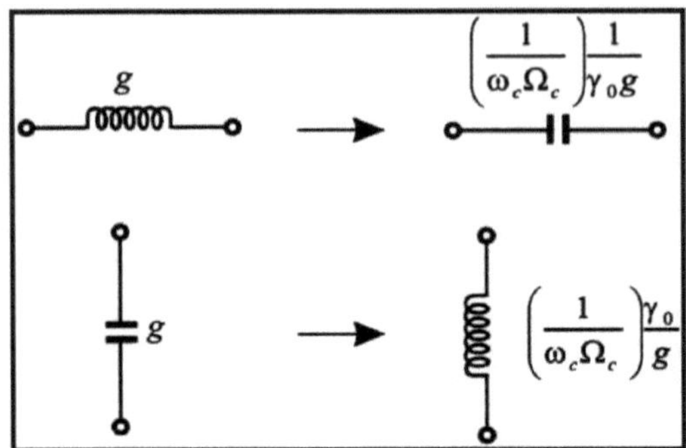

Figura 2.16: Transformação de protótipo passa-baixo em passa-alto

2.12.3 Transformação de passagem de banda

Suponha que a resposta de um protótipo passa-baixo deva ser transformada numa resposta passa-banda com uma banda passante ω2 - ωι, em que ωι e ω2 indicam a frequência angular do bordo da banda passante. A transformação de frequência necessária é:

$$\Omega = \frac{\Omega_c}{FBW}\left(\frac{\omega}{\omega_0} - \frac{\omega_0}{\omega}\right) \tag{2.36}$$

Onde

$$FBW = \frac{\omega_2 - \omega_1}{\omega_0}$$

$$\omega_0 = \sqrt{\omega_1 \omega_2}$$

Onde ω0 denota a freqüência angular central e *FBW* é definida como a largura de banda fracionária. Se aplicarmos esta transformação de frequência a um elemento reativo go do protótipo passa-baixo, temos

$$j\Omega g \rightarrow j\omega \frac{\Omega_c g}{FBW\omega_0} + \frac{1}{j\omega}\frac{\Omega_c \omega_0 g}{FBW} \tag{2.37}$$

o que implica que um elemento indutivo/capacitivo g no protótipo passa-baixo se transformará num circuito ressonante LC série/paralelo no filtro passa-banda. Os elementos para o ressonador LC em série no filtro passa-banda são:

$$L_s = \left(\frac{\Omega_c}{FBW\omega_0}\right)\gamma_0 g$$

for *g* representing the inductance

$$C_s = \left(\frac{FBW}{\omega_0\Omega_c}\right)\frac{1}{\gamma_0 g} \qquad (2.38a)$$

onde o escalonamento da impedância também foi tido em conta. Do mesmo modo, os elementos para o ressoador LC paralelo no filtro passa-banda são

$$C_p = \left(\frac{\Omega_c}{FBW\omega_0}\right)\frac{g}{\gamma_0}$$

for *g* representing the capacitance

$$L_p = \left(\frac{FBW}{\omega_0\Omega_c}\right)\frac{\gamma_0}{g}$$

Note-se que ω L_{0s} = 1/(ω C_{0s}) e ω L_{0p} = 1/(ω_0 Cp) se mantêm na Eq. (2.38). A transformação do elemento neste caso é mostrada na Figura 2.17.

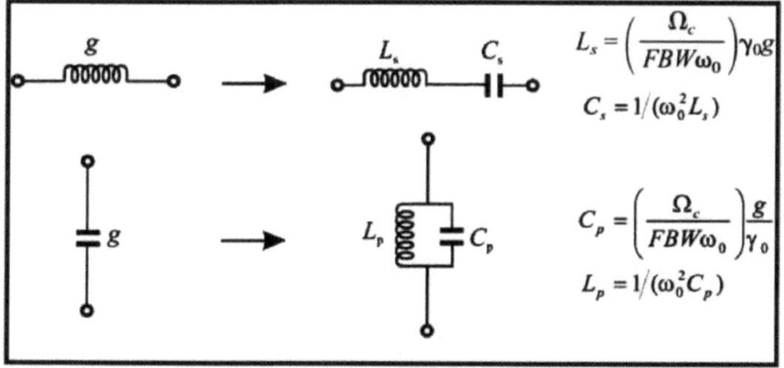

Figura 2.17: Transformação do protótipo passa-baixo em passa-banda

2.12.4 Transformação de paragem de banda.

A transformação de frequência do protótipo passa-baixo para o pára-banda é conseguida através do mapeamento de frequência.

$$\Omega = \frac{\Omega_c FBW}{(\omega_0/\omega - \omega/\omega_0)} \qquad (2.39)$$

onde

$$\omega_0 = \sqrt{\omega_1 \omega_2}$$

$$FBW = \frac{\omega_2 - \omega_1}{\omega_0}$$

em que ω_2 - ω_1 é a largura de banda. Esta forma de transformação é oposta à transformação passa-banda, na medida em que um elemento indutivo/capacitivo *g* no protótipo passa-baixo se transformará num circuito ressonante *LC* paralelo/série no filtro de paragem de banda. Os elementos para os ressonadores *LC* transformados para o filtro passa-faixa também são verdadeiros na Eq.

(2.(40) que $\omega oLp = 1/(\omega oCp)$ e $\omega oLs = 1/(\omega oCs)$. A transformação de elementos deste tipo está representada na Figura 2.18.

$$C_p = \left(\frac{1}{FBW\omega_0\Omega_c}\right)\frac{1}{\gamma_0 g} \quad \text{for } g \text{ representing the inductance}$$

$$L_p = \left(\frac{\Omega_c FBW}{\omega_0}\right)\gamma_0 g \tag{2.40a}$$

$$L_s = \left(\frac{1}{FBW\omega_0\Omega_c}\right)\frac{\gamma_0}{g} \quad \text{for } g \text{ representing the capacitance}$$

$$C_s = \left(\frac{\Omega_c FBW}{\omega_0}\right)\frac{g}{\gamma_0} \tag{2.40b}$$

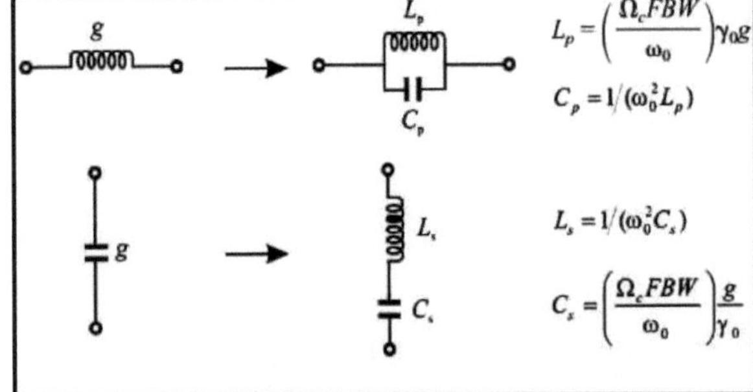

Figura 2.18: Transformação de protótipo passa-baixo em pára-banda

2.13 A transformação de Richard

A transformação de Richard mapeia o plano ω para o plano Ω, que se repete com um período de ωl/ θp = 2π. Esta transformação foi introduzida por **Richard (1948)** para sintetizar uma rede LC usando linhas de transmissão abertas e em curto-circuito. Assim, se substituirmos a variável de frequência ω por Ω, a reactância de um indutor pode ser escrita como

$$jX_L = j\Omega L = jLtan(\beta\ell)$$

e a susceptância de um condensador pode ser escrita como

$$jB_c = j\Omega C = jCtan(\beta\ell)$$

Estes resultados indicam que um indutor pode ser substituído por uma ponta em curto-circuito de comprimento βl e impedância caraterística L, enquanto um condensador pode ser substituído por uma ponta em circuito aberto de comprimento βl e impedância caraterística 1/C. Assume-se uma impedância de filtro unitária. O corte ocorre na frequência unitária para um protótipo de filtro passa-baixas; para obter a mesma frequência de corte para o filtro transformado de Richard, a Eq. (2.41) mostra que:

$$\Omega = \tan(\beta\ell) = \tan(\frac{\omega\ell}{\vartheta_p})$$

$$\Omega = 1 = \tan(\beta\ell) \qquad (2.41)$$

O que dá um comprimento de stub de $l=\lambda/8$, onde λ é o comprimento de onda da linha na frequência de corte, ωc. Na frequência $\omega_0 = 2\ \omega c$, as linhas terão um comprimento λ /4, e ocorrerá um pólo de atenuação. Em frequências distantes de ωc, as impedâncias dos stubs não corresponderão mais às impedâncias originais do elemento fixo, e a resposta do filtro será diferente da resposta desejada do protótipo. Além disso, a resposta será periódica em frequência, repetindo-se a cada 4 ωc.

Assim, em princípio, os indutores e condensadores de um filtro de elementos concentrados podem ser substituídos por pontas em curto-circuito e em circuito aberto, como ilustrado na Figura 2.19. Como os comprimentos de todos os stubs são os mesmos (λ /8 em ωc), essas linhas são chamadas de *linhas comensuráveis*.

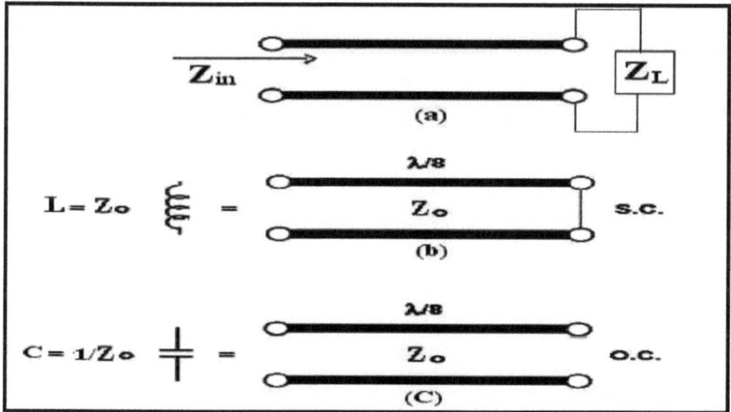

Figura 2.19: Elementos distribuídos equivalentes da transformação de Richard

2.14 A identidade de Kuroda

Na conceção de filtros de linha de transmissão, podem ser desejáveis várias identidades de rede para obter redes de filtros que sejam eletricamente equivalentes, mas que diferem na forma ou nos valores dos elementos. Essas transformações não só proporcionam flexibilidade aos projectistas, como também são essenciais, em muitos casos, para obter redes que sejam fisicamente realizáveis com dimensões físicas. As identidades de Kuroda **Levy (1976)** constituem uma base para realizar tais transformações, em que os elementos de linha comensuráveis com o mesmo comprimento elétrico são assumidos para cada identidade. As duas primeiras identidades de Kuroda permutam um elemento unitário com um toco em curto-circuito em série ou um toco em curto-circuito em derivação, e um elemento unitário com um toco em curto-circuito em série ou um toco em curto-circuito em derivação. As outras duas identidades de Kuroda, envolvendo os transformadores ideais, trocam stubs do mesmo tipo. As identidades de Kuroda podem ser deduzidas comparando as matrizes ABCD das redes correspondentes.

A ideia de Kuroda é utilizar a linha λ/8 redundante de Z0 apropriado para transformar elementos incómodos ou irrealizáveis em elementos com valores e geometria mais acessíveis. Como exemplo, a ponta indutiva em série pode ser substituída por uma ponta capacitiva em derivação na outra extremidade da linha λ/8, como mostrado na Figura 2.20, com diferentes valores de impedância caraterística determinados por:

$$k = n^2 = 1 + \frac{Z_2}{Z_1} \tag{2.42}$$

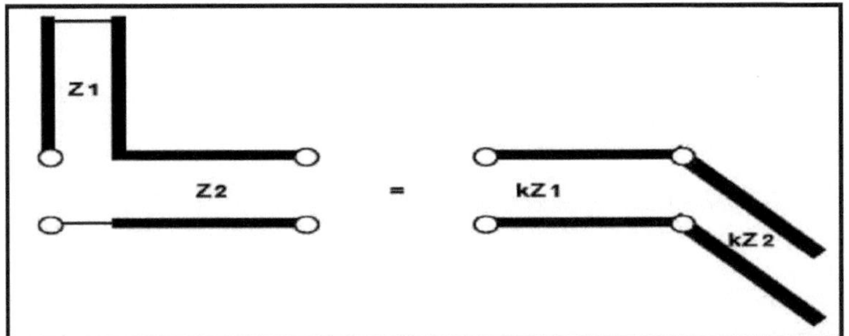

Figura 2.20: Elementos distribuídos equivalentes da transformação das identidades de Kuroda

O protótipo de estrutura LC passa-baixo emprega indutores em série, de modo que uma conversão direta para stubs de linha de transmissão pela transformação de Richard resultaria em stubs em série. No entanto, podemos usar a identidade de Kuroda para indutores em série para criar uma estrutura que tenha apenas secções de linhas de transmissão em série e stubs abertos em derivação. Para tal, devemos ter em conta que devemos começar por adicionar elementos unitários (linhas de transmissão $\lambda/8$ de $z_0=1$) em cada extremidade do filtro, de modo a que existam estruturas com a forma das identidades de Kuroda. O filtro é projetado de acordo com os seguintes passos **El-Shaarawy (2005)**:

- Protótipo passa-baixo de elemento fixo (a partir de tabelas ou da fórmula adequada)
- Converter indutores em série em stubs em série, condensadores shunt em stubs shunt.
- Adicionar $\lambda/8$ linhas de Zo= 1 na entrada e na saída.
- Aplicar a identidade de Kuroda para indutores em série para obter equivalentes com stubs abertos shunt com $\lambda/8$ linhas entre eles.
- Transformar o desenho em Zs e ωc para obter as dimensões físicas (todos os elementos são $\lambda/8$). A Fig.2.20 mostra a equivalência para a identidade mais comummente utilizada, que remove um toco em série em curto-circuito transformando-o num toco em derivação em circuito aberto, juntamente com o ajuste das impedâncias características das linhas $\lambda/8$.

Lim *et al.* (2002) relataram o impacto de duas estruturas de terra com defeito comuns fabricadas em guias de onda coplanares de terra finita em substratos de silício e alumina, úteis para projectos monolíticos e híbridos. Os defeitos simples ressoam a 30 GHz e têm diferenças de largura de banda devido à natureza e ao tamanho do defeito. São efectuadas medições na placa até 40GHz para os modelos em silício, que mostram uma boa concordância com a simulação.

Caloz e Itoh (2002) investigaram a introdução de uma nova estrutura fotónica uniplanar de banda larga (PBG), constituída por um conjunto cónico de ranhuras de ressonadores de impedância escalonada. Esta estrutura, de baixo custo e de fácil conceção/fabrico, apresenta um comportamento passa-baixo e caracteriza-se por uma dimensão supercompacta (muito mais pequena do que as PBG convencionais), um enorme desnível (cerca de 150%), uma excelente insensibilidade à localização dos circuitos na parte superior e uma perda de retorno muito baixa (radiação negligenciável) na banda de paragem. O princípio de funcionamento do PBG é explicado e o seu desempenho é demonstrado através de resultados de simulação e medição para diferentes configurações. São fornecidas directrizes de conceção simples.

Bond (2003) também referiu que um filtro de segunda ordem atenua as frequências mais altas de forma mais acentuada. O gráfico de Bode para este tipo de filtro assemelha-se ao de um filtro de primeira ordem, exceto que cai mais rapidamente. Por exemplo, um filtro Butterworth de segunda ordem reduzirá a amplitude do sinal para um quarto do seu nível original sempre que a frequência duplicar (assim, a potência diminui 12 dB por oitava, ou 40 dB por década). Outros filtros de segunda ordem com todos os pólos podem diminuir a taxas diferentes inicialmente, dependendo do seu fator

Q, mas aproximam-se da mesma taxa final de 12 dB por oitava; tal como acontece com os filtros de primeira ordem, os zeros na função de transferência podem alterar a assíntota de alta frequência.

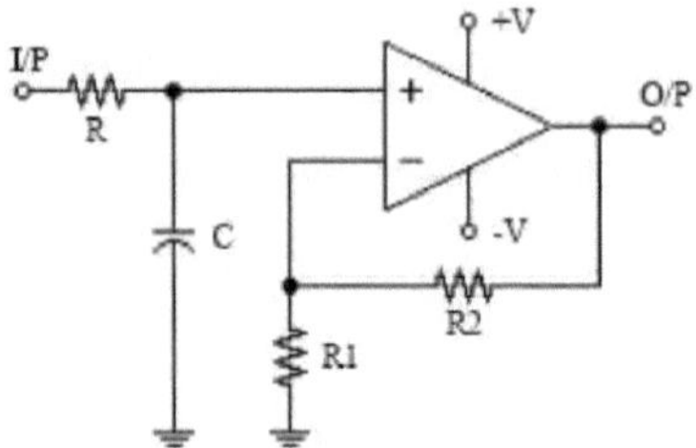

Figura 2.21: Filtro passa-baixo de primeira ordem

O circuito da figura 2.1, um filtro passa-baixo de primeira ordem com *fc* , pode ser adicionado à saída do circuito da figura 2.1 para criar um filtro de terceira ordem com um declive de -60 dB/década. No entanto, a frequência crítica em que a resposta é de -3 dB será afetada pela interação entre os dois filtros

Os filtros de terceira ordem e de ordem superior são definidos de forma semelhante. Em geral, a taxa final de redução de potência para um filtro multipolar de *ordem n* é de *6n* dB por oitava (ou seja, *20n* dB por década).

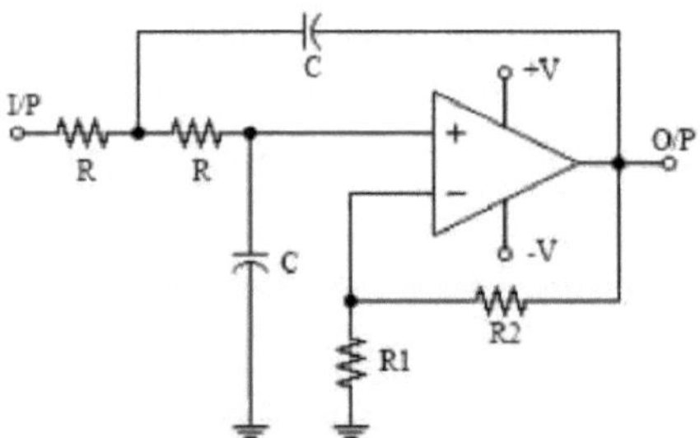

Figura 2.22: Filtro Butterworth passa-baixo de segunda ordem

JiaLin Li ***et al.*** **(2005)** investigaram uma estrutura de terra defectada (DGS) melhorada com linha de microfita compensada para aplicações de filtro passa-baixo (LPF). Com esta estrutura, o elemento ressonante básico apresenta uma resposta passa-baixo de função elíptica. A utilização de elementos ressonantes introduzidos permite obter uma resposta de frequência de corte nítida e elevadas supressões de harmónicas, bem como pequenas dimensões, com um menor número de estruturas periódicas.

Lotfi Neyestanak ***et al.*** **(2007)** verificaram que a otimização é utilizada para aumentar a largura de banda do filtro, de modo a torná-lo aplicável às comunicações sem fios.

Fuxiang Zhang (2008) referiu que a filtragem digital desempenha um papel importante no processamento do sinal dos sensores dos robots. Ao contrário do sistema analógico, não está limitado pelos parâmetros dos componentes electrónicos, pelo que pode processar sinais de frequência bastante baixa.

Milenko (2009), tendo em conta o caso dos bancos de filtros multicanais, ou seja, com um filtro passa-baixo e um número arbitrário de filtros passa-banda, também é possível introduzir wavelets. Nesse caso, a função de escala corresponde ao filtro passa-baixo e duas ou mais wavelets-mãe correspondem aos filtros passa-banda de um banco de filtros unitário. No entanto, a eletividade dos bancos de filtros correspondentes não tem sido suficientemente satisfatória.

Kerry Lacanette (2010) constatou que os filtros de algum tipo são essenciais para o funcionamento da maioria dos circuitos electrónicos. Por conseguinte, é do interesse de qualquer pessoa envolvida na conceção de circuitos electrónicos ter a capacidade de desenvolver circuitos de filtragem capazes de satisfazer um determinado conjunto de especificações. Infelizmente, muitas pessoas no domínio da eletrónica não se sentem à vontade com o assunto, quer por falta de familiaridade com ele, quer por relutância em lidar com a matemática envolvida numa conceção complexa de um filtro.

Singh *et al.* (2011) referem que foi demonstrado com êxito um filtro passa-baixo para a banda L. Um filtro de 1,5 GHz utilizando tecnologia de microfita. O LPF simulado alcançou uma perda de inserção inferior a 1,0dB com uma largura de banda de 3dB de cerca de 33%, que é menor em tamanho e maior largura de banda.

CAPÍTULO-3

3.1 MATERIAIS E MÉTODOS

O presente trabalho foi realizado no Departamento de Engenharia Eletrónica e de Comunicações, Faculdade de Engenharia e Tecnologia, Sam Higginbottom Institute of Agriculture, Technology & Sciences, Allahabad.

3.2 Filtros RF de microfita

Os filtros de micro-ondas são amplamente utilizados em equipamentos de telecomunicações. Os filtros são utilizados para suprimir os ruídos provenientes do ambiente, evitar que os sinais espúrios interfiram com outros sistemas e permitir a passagem dos sinais desejados dentro de uma banda de frequência específica. Embora os filtros construídos com elementos concentrados possam obter as respostas de frequência desejadas, é difícil controlar as propriedades dos elementos concentrados na banda de micro-ondas. Em vez disso, os filtros constituídos por elementos de linhas de transmissão distribuídas são normalmente utilizados em aplicações de micro-ondas.

Os filtros impressos do tipo planar são compostos por vários stubs de linhas microstrip ou tiras coplanares e precisam de ser modelados com precisão devido aos efeitos de alta frequência, como a dispersão e a perda dieléctrica/condutora. Por conseguinte, uma técnica de otimização eficiente e um simulador eletromagnético de onda completa são ferramentas necessárias para uma conceção óptima destes filtros. Nesta tese, o software CST-MICROWAVE STUDIO foi utilizado para projetar vários filtros.

3.3 Tipos de filtros

Existem vários tipos de filtros, tais como filtros de elemento fixo, filtros de cavidade, filtros cerâmicos, filtros SAW e filtros microstrip. Os últimos tipos foram utilizados para formar um duplexador.

3. 2.1 Filtros de Elementos Agregados (LC)

Os filtros de elemento fixo são construídos com condensadores de placa paralela e indutores de enrolamento pneumático soldados num pequeno invólucro, como se mostra na figura 3.1. Podem ser especificados em configurações passa-baixo, passa-banda, corta-banda ou passa-alto. Tanto os diplexadores como os duplexadores utilizam filtros passa-banda ou corta-banda. A sua função, tal como a de todos os tipos de filtros eléctricos, é modificar as características no domínio da frequência ou do tempo de um percurso de transmissão para rejeitar interferências provenientes de várias fontes externas. Os filtros de elemento fixo típicos são concebidos para gamas de baixa frequência de 25 MHz a 1000 MHz. Os seus limites de frequência de 1 GHz resultam do facto de a capacitância parasita e os problemas de indutância do comprimento do cabo tornarem impraticável o seu fabrico a frequências mais elevadas **Levy e Snyder (2002)**.

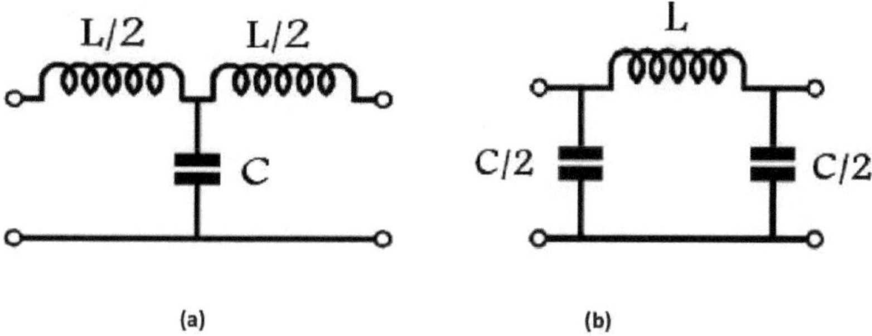

Figura 3.1: Filtros de elementos agrupados (a) filtro LC de secção T, (b) filtros LC de secção π

Devido às grandes dimensões dos duplexadores de elementos concentrados, são utilizados em estações de base e em transceptores half-duplex em que não existe uma forte fuga do transmissor, pelo que se pode considerar uma atenuação inferior fora da banda. Estes filtros demonstram um fraco fator de qualidade Q a altas frequências, o que leva a um desempenho relativamente fraco e continua a ser um problema significativo de melhoria na implementação de filtros LC passivos na pastilha até agora.

As principais vantagens dos filtros de elemento fixo são:

1. Tamanho razoável para frequências intermédias (25 MHz a 1 GHz)
2. Suporta muitas topologias
3. Transição acentuada da banda passante para a rejeição
4. Perda de inserção razoável
5. Manuseamento de potência aceitável para a maioria das necessidades.
6. Relativamente fácil de mudar as frequências

As desvantagens dos filtros de elemento fixo são:

1. Não pode atingir larguras de banda estreitas.
2. Os elementos tornam-se impraticáveis de fabricar a altas frequências.
3. Manuseamento de potência limitado para algumas aplicações.
4. Volumoso a baixas frequências.
5. Com perdas quando é necessário utilizar um grande número de secções.

3.2.2 Filtros de cavidade

Uma cavidade é um ressonador único, geralmente sob a forma de um quarto de onda elétrico. Um filtro de cavidade ressonante é normalmente um dispositivo de duas portas e a caraterística de resposta depende do tipo de filtro, que pode ser passa-banda, de rejeição de banda, de entalhe ou vari-entalhe. Os filtros de cavidade ressonante são normalmente implementados com ressonadores helicoidais, coaxiais ou de guia de ondas. Os filtros coaxiais estão disponíveis em frequências de 30 MHz a mais de 10 GHz e os filtros helicoidais de menos de 10 MHz a 2 GHz.

Um número de cavidades é colocado em cascata para formar um duplexador. O isolamento do duplexador pode ser ajustado alterando o número e o tamanho das cavidades. Estes duplexadores têm um fator de qualidade Q muito elevado e as suas frequências de ressonância são determinadas por componentes mecânicos, especialmente pela haste de sintonização. A haste é geralmente feita de um material que tem um coeficiente de expansão térmica limitado (como o Invar). Os filtros de cavidade são principalmente utilizados em estações de base e repetidores. A Figura 3.2 mostra vistas em corte de cavidades típicas de passagem de banda e de rejeição de banda, **William, (2010)**.

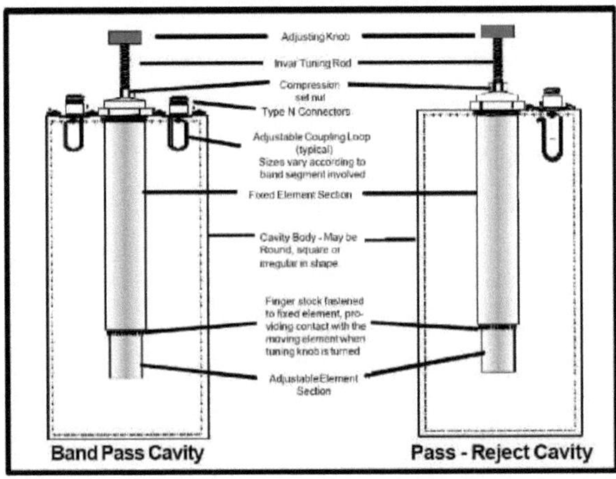

Figura 3.2: Vistas em corte de cavidades típicas de passagem de banda e de rejeição de banda

3.2.3 Filtros de cerâmica

Os filtros cerâmicos são por vezes designados por filtros dieléctricos. Os filtros cerâmicos são filtros com carga dieléctrica em que os ressoadores são formados por orifícios metalizados no interior de um monobloco revestido de cerâmica de alta permissividade. Existem vários modos de funcionamento dos filtros ressonadores dieléctricos. Alguns deles são os modos eléctricos transversais simples (TE), os modos magnéticos transversais simples (TM), os modos electromagnéticos híbridos duplos (HEM), os modos TM triplos e os modos TE triplos, etc. O Q sem carga, o tamanho e o desempenho espúrio destes filtros dependem destes modos.

Os dois principais tipos de filtros de ressonador cerâmico são:

- Filtros de disco de cerâmica
- Filtros coaxiais cerâmicos

Na construção de um disco cerimonial, os discos de constante dieléctrica são fechados numa cavidade metálica. O puck pode ser cilíndrico, esférico ou cúbico. Um ressonador de puck cerâmico de modo duplo é mostrado na Figura 3.3, **Kudsia *et al.* (1992)**.

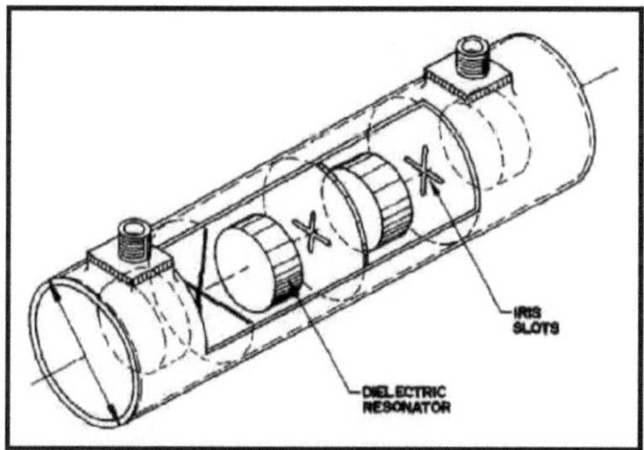

Figura 3.3: Cavidade carregada com ressonador de disco cerâmico de modo duplo

A figura 3.4 mostra a construção típica de um ressoador coaxial cerâmico disponível no mercado, com um condutor externo de secção transversal aproximadamente quadrada e um condutor central redondo (cilíndrico). Normalmente, um elemento coaxial cerâmico pode ser obtido num comprimento especificado, com uma extremidade revestida para "curto-circuitar" o condutor central com o condutor exterior **High Frequency Electronics (2002)**.

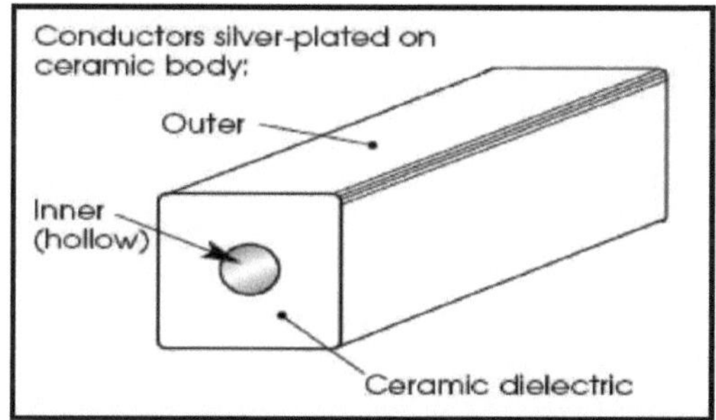

Figura 3.4: Construção de um ressoador coaxial de cerâmica

Os valores típicos do Q do ressoador são da ordem das centenas, mas estes valores variam significativamente com a frequência, o tamanho e os materiais de construção do filtro. Alguns filtros cerâmicos têm propriedades piezoeléctricas e o material cerâmico mais popular é o chumbo

Titanato de zircónio (PZT). Os ressoadores acoplados de cerâmica têm sido amplamente utilizados em duplexadores de transceptores móveis. Os duplexadores cerâmicos têm perdas menores e são de baixo custo, mas o seu volume é uma desvantagem. No entanto, os duplexadores cerâmicos são mais pequenos do que os filtros de cavidades, mas têm perdas relativamente mais elevadas.

3.2.4 Filtros SAW

Uma das tecnologias modernas utilizadas para efetuar este processamento de sinal específico é a tecnologia de filtros SAW (Surface Acoustic Wave). Os filtros SAW são dispositivos electromecânicos utilizados numa vasta gama de aplicações de radiofrequência que proporcionam controlo de frequência, seleção de frequência e capacidades de processamento de sinal. O seu desempenho baseia-se nas características piezoeléctricas de um substrato de material piezoelétrico que é quase sempre um cristal. Exemplos de materiais piezoeléctricos são o óxido de zinco (ZnO) e o quartzo (SiO_2). O sinal elétrico é convertido em sinal mecânico e novamente em sinal elétrico na saída. Depois de se propagar através do elemento piezoelétrico, a saída é recombinada para produzir uma implementação analógica direta do filtro de resposta ao impulso finito. No material piezoelétrico, a aplicação de uma força ou tensão resulta no desenvolvimento de uma carga no material carregado, o que é conhecido como efeito piezoelétrico direto. Inversamente, a aplicação de uma carga ao mesmo material resultará numa alteração das dimensões mecânicas ou da deformação. Este efeito é conhecido como efeito piezoelétrico indireto. No efeito piezoelétrico direto, uma onda acústica superficial gera um campo elétrico de RF e actua como porta recetora do filtro. No efeito piezoelétrico indireto, um campo elétrico de RF gera uma onda acústica de superfície que actua como porta transmissora do filtro, como se mostra na Figura 3.5.

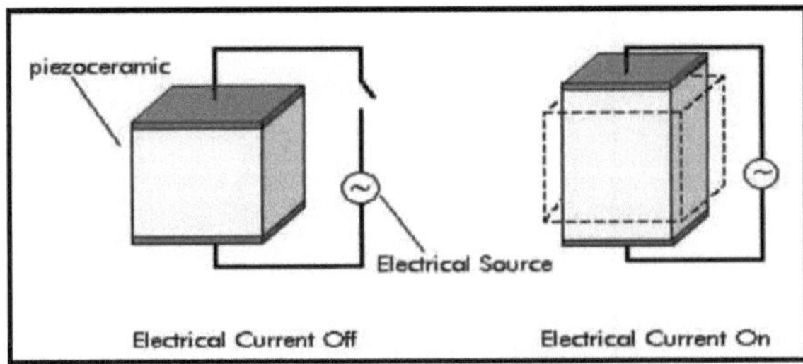

Figura 3.5: Filtros de ondas acústicas superficiais

O filtro SAW é composto por dois elementos cruciais:

a. Transdutores interdigitais de entrada e saída (IDT): conversão de ondas de sinal eletromagnético em ondas de sinal acústico.

b. Substrato piezoelétrico: para propagar a onda mecânica através do filtro. Existem também resistências e outros elementos analógicos envolvidos, mas não desempenham o papel principal no comportamento do filtro.

(a) Transdutores interdigitais.

A estrutura básica é constituída por um IDT de entrada e outro de saída depositados num substrato piezoelétrico. Estes geram e detectam ondas acústicas (função de transmissão e receção). Os IDTs podem ser concebidos para implementar a função desejada do dispositivo SAW - mais significativamente a função de filtragem. O IDT regular é construído com barras de barramento e dedos de eléctrodos, que se estendem de cada barra de barramento de eléctrodos numa configuração específica. A forma e o espaçamento dos eléctrodos determinam todos os aspectos das características do dispositivo, desde a frequência central até à forma da banda das ondas acústicas. A geometria, como a largura do feixe, o passo e o número de dedos do IDT, desempenha um papel crucial no processamento do sinal e nas características de resposta. A amplitude das ondas acústicas de superfície (SAW) numa determinada frequência é determinada pela interferência construtiva ou destrutiva das ondas acústicas. A Fig. 3.6 mostra a construção do filtro SAW.

(b) Substrato piezoelétrico.

A escolha do material do substrato piezoelétrico a partir do qual o filtro SAW é construído também influencia as características do filtro SAW.

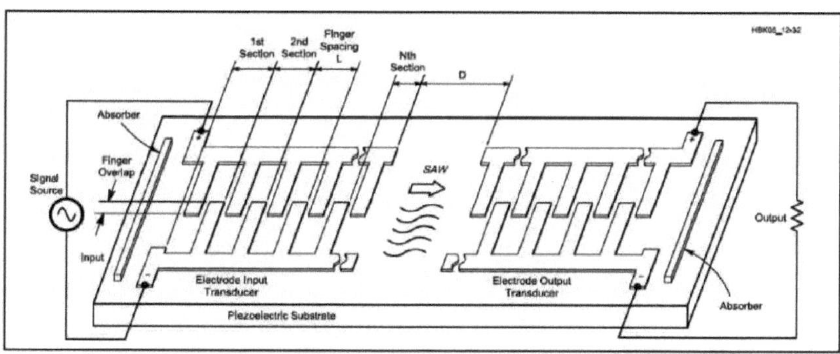

Figura 3.6: A construção do filtro SAW

Os filtros SAW têm requisitos especiais de embalagem, uma vez que o SAW é um dispositivo sensível à superfície. As vibrações percorrem a superfície terrestre do meio em vez de percorrerem o meio.

Qualquer contacto físico com a superfície pode danificar gravemente as características de um filtro SAW, pelo que são normalmente utilizadas embalagens hermeticamente fechadas.

3.2.5 Filtros Microstrip

O desenvolvimento constante dos sistemas de comunicação sem fios criou a necessidade de componentes de micro-ondas e de radiofrequência de tamanho compacto, elevado desempenho e baixo custo. Estas últimas características são compatíveis com a tecnologia planar. A tecnologia planar oferece uma forma conveniente de realizar dispositivos em miniatura e económicos, uma vez que o seu fabrico é simples e fiável. Por outro lado, o avanço da velocidade de computação permitiu a conceção de estruturas planares muito complexas através da utilização de simuladores electromagnéticos potentes. Além disso, os projectos de filtros para além de 500 MHz são difíceis de realizar com componentes discretos, porque o comprimento de onda se torna comparável às dimensões físicas do elemento filtrante, o que resulta em várias perdas que degradam gravemente o desempenho do circuito. Assim, para chegar a filtros práticos, os filtros de componentes concentrados devem ser convertidos em realizações de elementos de distribuição (usando linhas de transmissão planas).

3.3 Linhas Microstrip

As linhas de transmissão impressas (planares) são muito utilizadas. São de banda larga em frequência. Proporcionam circuitos compactos e leves. A sua produção é geralmente económica, uma vez que são facilmente adaptáveis a tecnologias de fabrico de circuitos integrados (CI) híbridos e monolíticos em frequências de RF e micro-ondas. A linha de transmissão planar tem várias configurações, tais como linha de microfita, linha de fita, linha de ranhura, guia de onda coplanar (CPW), linha suspensa, etc., como mostra a figura 3.7.

Uma linha de microfita é, por definição, uma linha de transmissão constituída por uma fita condutora e um plano de terra separados por um meio dielétrico. Os filtros de microfitas e de linhas de fitas baseiam-se em substratos macios ou em substratos cerâmicos com tecnologias de película espessa multicamadas. As linhas de transmissão de microfitas são de banda larga em frequência, compactas e leves. Além disso, são de baixo custo, uma vez que podem ser facilmente adaptadas a tecnologias de circuitos integrados híbridos e monolíticos.

A linha de microfita básica tem um único traço condutor num lado do substrato e um único plano de terra no outro lado, enquanto a linha de fita básica tem um único condutor incorporado no substrato dielétrico rodeado por dois planos de terra ou planos de referência em ambos os lados do substrato.

As estruturas gerais de uma linha de microfita e de uma linha de fita são ilustradas na Figura 3.8 e na Figura 3 . 9, respetivamente. A linha microstrip tem uma vantagem de fabrico distinta em relação à linha de fita devido à sua estrutura aberta.

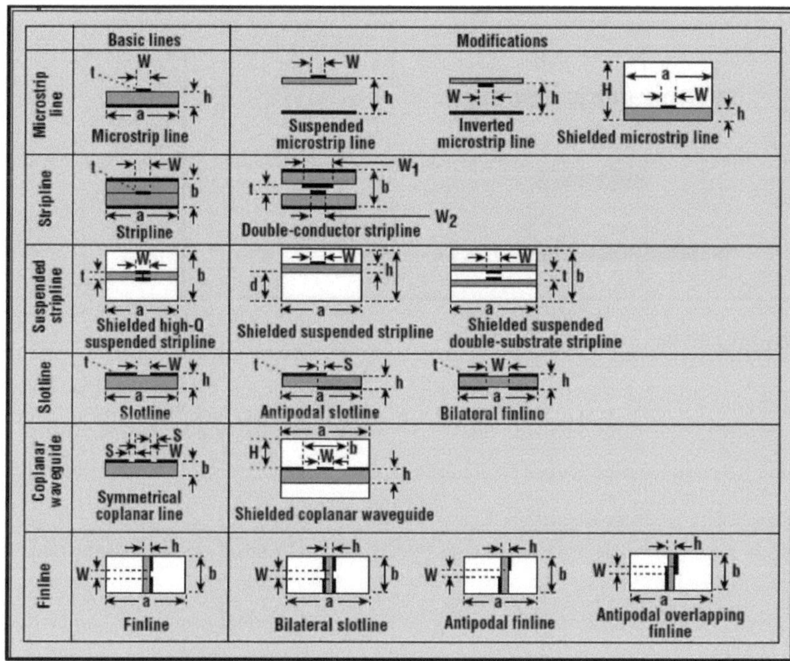

Figura 3.7: Tipos de linhas de transmissão impressas normalmente utilizadas nos circuitos integrados de micro-ondas (MIC)

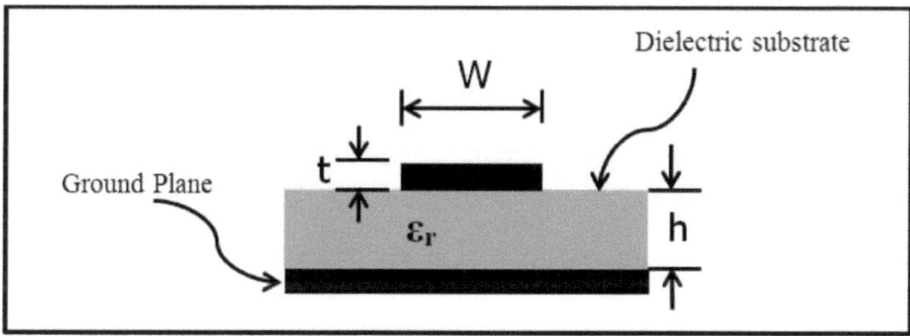

Figura 3.8: Estrutura da linha de microfita

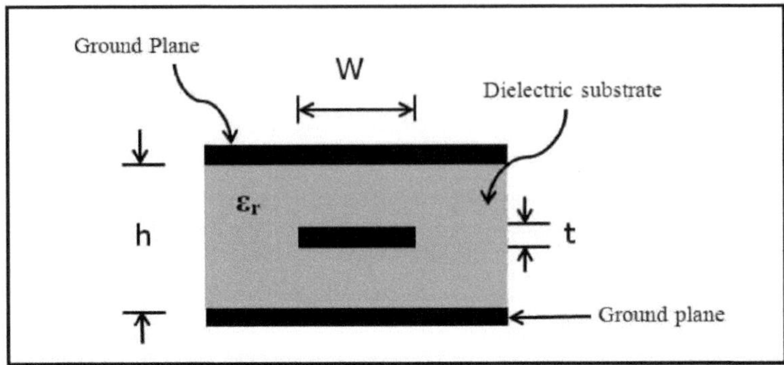

Figura 3.9: Estrutura da linha de traço

A linha microstrip é constituída por um condutor de largura W impresso num substrato dielétrico fino e retificado de espessura *h* e permissividade relativaε_r . Numa linha de transmissão microstrip, o dielétrico não envolve completamente a tira condutora e, consequentemente, o modo fundamental de propagação não é um modo TEM puro. Como pode ser visto na Figura 3.10, a maioria das linhas de campo está contida na região dieléctrica, e alguma fração na região do ar acima do substrato. A velocidade de fase é igual a c na região do ar, e $c/\sqrt{\varepsilon_r}$ no interior do dielétrico. Assim, seria impossível obter um casamento de fase na interface dielétrico-ar para uma onda do tipo TEM.

De facto, o campo decai exponencialmente para longe da superfície dieléctrica, com a maior parte do campo contido no dielétrico ou perto dele (um facto relativo às ondas de superfície). A altas frequências, tipicamente mais do que alguns giga hertzianos, e com um substrato dielétrico eletricamente muito fino *(h <λ)*, o campo torna-se geralmente mais ligado ao dielétrico, tornando os campos essencialmente iguais aos do caso estático e, portanto, os campos são quase-TEM.

Podem ser obtidas boas aproximações para a velocidade de fase e a constante de propagação a partir de soluções estáticas e quase-estáticas.

A velocidade de fase e a constante de propagação são dadas por:

$$v_p = \frac{c}{\sqrt{\varepsilon_{re}}} \text{-----------------------------} (3.1)$$

ondeε_{re} é a constante dieléctrica efectiva da linha de microfita. A Figura 3.11 mostra a geometria da linha de microfita quasi-TEM, em que ε_r foi substituído por um meio homogéneo de permissividade relativa efectiva, ε_{re} .

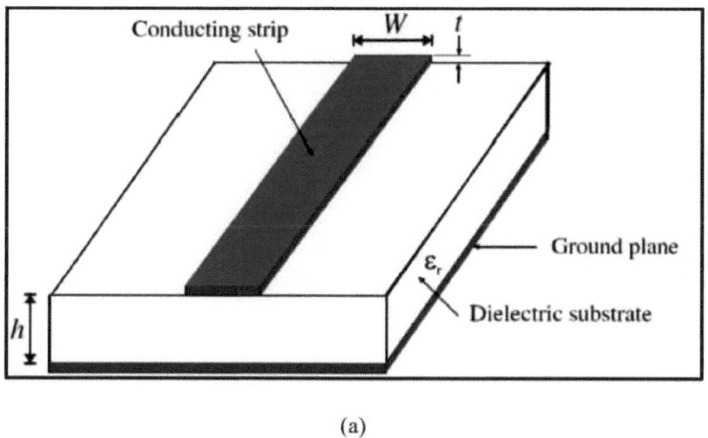

(a)

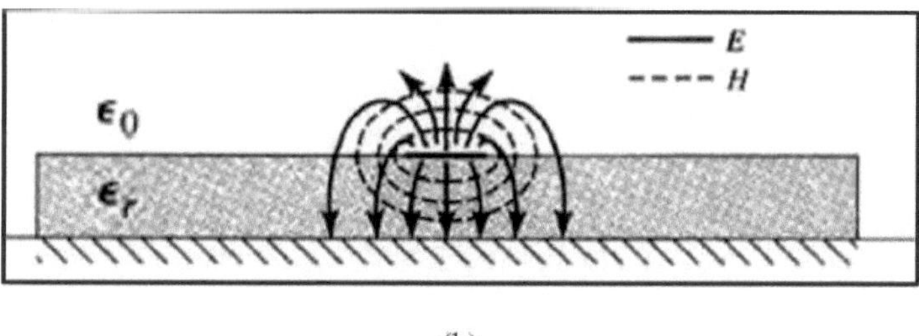

(b)

Figura 3.10: (a) Linha microstrip, (b) Distribuição do campo elétrico e magnético na linha microstrip

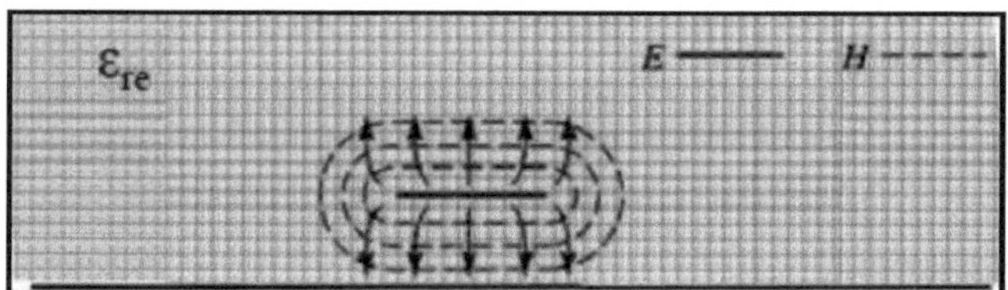

Figura 3.11: Geometria equivalente da linha de microfita quase-TEM

A constante dieléctrica efectiva é dada por:

$$\varepsilon_{re} = \frac{\varepsilon_r+1}{2} + \frac{\varepsilon_r-1}{2}\frac{1}{\sqrt{1+12h/W}} \quad (3.2)$$

where, $1 < \varepsilon_{re} < \varepsilon_r$

Dadas as dimensões da linha de microfita, a impedância caraterística pode ser calculada como:

$$
Z_O = \begin{cases} \dfrac{60}{\sqrt{\varepsilon_{re}}} ln\left(\dfrac{8h}{W} + \dfrac{W}{4h}\right) for\, W/h < 1 \\ \\ \dfrac{120\pi}{\sqrt{\varepsilon_{re}}[W/h + 1.393 + 0.0667 ln(W/h + 1.444))]} for\, W/h > 1 \end{cases} \quad -(3.3)
$$

3.4 Considerações sobre o projeto de filtros de microfita

Para conceber um filtro de microfita, devem ser tidas em conta as seguintes considerações de conceção **Jia-Sheng Hong (2001)**:

1. Topologias
2. Substratos
3. Tamanho
4. Modos de ordem superior
5. Efeitos das ondas de superfície
6. Implementações - acoplamentos, tolerâncias de linha/espaço, ...
7. Perda dieléctrica
8. Estabilidade térmica
9. Manuseamento de energia - resistência dieléctrica (rutura)

1.1.1 Considerações sobre a conceção (Topologias)

A escolha de uma topologia depende de:

- Características dos filtros, tais como Chebyshev ou elípticos
- Largura de banda
- Tamanho
- Manuseamento de potência

1.1.2 Considerações sobre a conceção (substratos)

A escolha de um substrato depende de:

- Tamanho
- Modos de ordem superior
- Efeitos das ondas de superfície

- Implementações - acoplamentos, tolerâncias de linha/espaçamento, .
- Perda dieléctrica
- Estabilidade térmica
- Manuseamento de energia - resistência dieléctrica (rutura)

1.1.3 Considerações sobre o projeto (modos de ordem superior)

As frequências de funcionamento devem ser mantidas abaixo da frequência de corte do modo de ordem superior de 1st , que é dada por:

$$f_c = \frac{c}{\sqrt{\varepsilon_r}(2W + 0.8h)} \tag{3.4}$$

Onde é a velocidade da luz, *W* é a largura da linha de transmissão, ε_r , e *h são* a permissividade e a espessura do substrato, respetivamente. A Fig. 3.12 mostra algumas curvas para a determinação da frequência de corte do modo de ordem superior de 1st em termos da permissividade do substrato ε_r , da espessura *h* e da largura da linha de transmissão *W*.

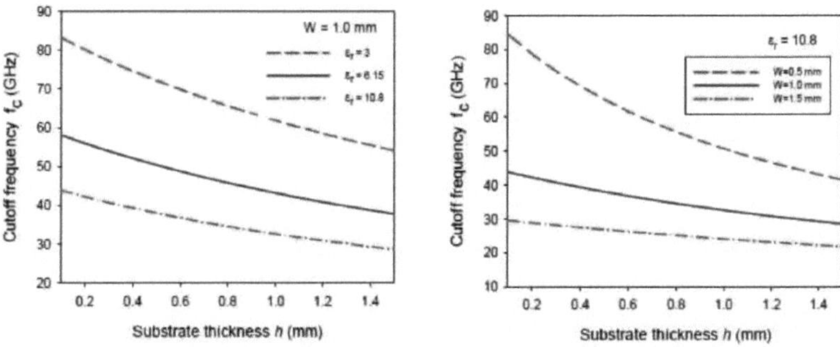

Figura 3.12: Frequência de corte do modo de ordem superior de 1st em função da espessura do substrato *h*

1.1.4 Considerações sobre a conceção (Ondas de superfície)

As frequências de funcionamento devem ser mantidas abaixo da frequência de ameaça f_s do modo de onda superficial mais baixo, no qual o modo superficial se acopla fortemente ao modo dominante da microfita, porque as velocidades de fase dos dois modos são próximas **Jia-Sheng Hong (2001)**.

$$f_s = \frac{c \tan^{-1} \varepsilon_r}{\sqrt{2}\pi h \sqrt{\varepsilon_r - 1}} \tag{3.5}$$

A Figura 3.13 apresenta algumas curvas para a determinação da frequência de ameaça f_s em função da permissividade do substrato ε_r , e da espessura h .

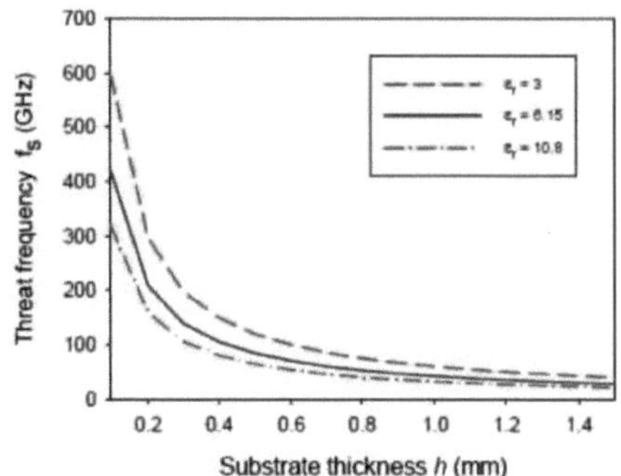

Figura 3.13: A frequência de ameaça f_s versus a espessura do substrato h

1.1.5 Considerações sobre a conceção (perdas)

Em muitos projectos práticos de filtros, é desejável avaliar o fator de qualidade sem carga Q_u dos ressoadores de microfita. Por exemplo, isto servirá de justificação para saber se a perda de inserção exigida num filtro passa-banda pode ou não ser satisfeita. Uma definição muito geral de Q_u que é aplicável a qualquer ressoador é

$$Q_u = \omega \frac{\text{Time-average energy stored in resonator}}{\text{Average power lost in resonator}} \quad (3.6)$$

Existem três perdas principais num ressonador de microfita: as perdas do condutor, do substrato dielétrico e da radiação. O fator de qualidade total sem carga pode ser encontrado somando estas perdas, resultando em

$$\frac{1}{Q_u} = \frac{1}{Q_c} + \frac{1}{Q_d} + \frac{1}{Q_r} \quad (3.7)$$

Onde

1. Perda de condutores

$$Q_c \propto \pi \left(\frac{h}{\lambda} \right) \cdot \left(\frac{377\Omega}{R_s} \right) \quad (3.8)$$

2. Perda dieléctrica

$$Q_d \propto \frac{1}{\tan\delta} \tag{3.9}$$

3. Perda de radiação

Se um ressonador microstrip não estiver fechado, então irradiará. Um fator de qualidade da radiação pode, em geral, ser definido como

$$Q_r = \omega \frac{\text{Time-average energy stored in resonator}}{\text{Average power radiated}} \tag{3.10}$$

η é a impedância de onda no espaço livre $\eta = 377\Omega$

R_s é a resistência da superfície das folhas condutoras

tanδ é a tangente de perda dieléctrica

1.1.6 Considerações de conceção (manuseamento de potência)

Capacidade de manuseamento da potência de pico (é a potência à qual ocorre a rutura no substrato) **Jia-Sheng Hong (2001)**. Os filtros de banda mais estreita resultam numa maior densidade do campo elétrico, o que leva a um menor pico de potência.

$$P_p \propto \frac{V_o^2}{2Z_c} \tag{3.11}$$

V_0 é a tensão de rutura máxima do substratoZ_c é a impedância caraterística da microstrip

1.1.7 Considerações sobre a conceção (estabilidade da temperatura)

As variações de temperatura resultam numa alteração da constante indeléctrica que, por sua vez, resulta numa variação da frequência.

3.5 Estrutura do solo com defeito

Desde que a estrutura de terra com defeito (DGS) foi proposta por **Park *et al.* (1999)**, tem sido um dos tópicos mais preocupantes nos campos do eletromagnetismo e das micro-ondas. O conceito de estrutura de terra com defeito (DGS) foi derivado da estrutura de banda fotónica (PBGs). Embora a estrutura PBG tenha sido desenvolvida para utilização em frequências ópticas, pode ser utilizada em frequências de micro-ondas e de ondas milimétricas sob a designação de "electromagnetic band gap" (EBG). O DGS tem sido utilizado para designar uma célula unitária gravada ou uma matriz gravada de células unitárias (1-D) no plano de terra **Park *et al.* (1999)** . Por outro lado, PBG refere-se a uma rede 2-D completa no plano de terra **Radisic *et al.* (1998)** .

No presente trabalho, é investigada uma estrutura de terra defectada (DGS) melhorada com uma linha de microfita moldada para aplicações compactas de filtros passa-baixo (LPF). Com esta estrutura, o elemento ressonante básico apresenta uma resposta passa-baixo de função elíptica. A utilização desta estrutura permite obter uma resposta de frequência de corte nítida e elevadas supressões harmónicas, juntamente com pequenas dimensões, sem a necessidade de estruturas DGS periódicas. O LPF proposto é fabricado no substrato Rogers RO3003 com constante dieléctrica $\varepsilon_r = 3$, e altura $h = 1,5$ *mm* . As medições experimentais dos parâmetros de dispersão são efectuadas com o analisador de rede vetorial (VNA HP8719Es).

3.6 Estruturas de bandas electromagnéticas (EBGs)

Recentemente, tem havido um interesse crescente em aplicações de micro-ondas e ondas milimétricas de estruturas EBG. É difícil utilizar um circuito EBG para o projeto de componentes de micro-ondas ou de ondas milimétricas devido às dificuldades de modelização e de localização do seu circuito equivalente. Existem muitos outros parâmetros que afectam a propriedade do intervalo de banda, tais como o número de redes, as formas das redes, o espaçamento entre redes e a fração de volume relativa.

Por outro lado, a introdução da estrutura EBG (electromagnetic band gap) na estrutura de microfita constitui uma ferramenta poderosa para o desenvolvimento de filtros de microfita compactos com elevado desempenho. A estrutura EBG é uma estrutura periódica que proíbe a propagação de ondas electromagnéticas numa determinada banda de frequências de micro-ondas ou de ondas milimétricas. A estrutura EBG pode ser implementada na linha de microfita através da incorporação de uma estrutura periódica no substrato ou no plano de terra, por exemplo, fazendo furos periódicos no substrato ou gravando no plano de terra. O primeiro método envolve complexidade na perfuração do substrato e é também difícil de modelizar e analisar. No entanto, o segundo método é fácil de implementar, bastando gravar padrões periódicos no plano de terra. Estas estruturas têm a vantagem de serem de baixo custo e fáceis de fabricar, uma vez que são compatíveis com a tecnologia de circuitos planares normalizados para aplicações de micro-ondas/ondas milimétricas. O PBG é uma rede bidimensional (2-D) com formas gravadas no plano de terra por baixo da linha de microfita, como mostra a Figura 3.14, **Radisic *et al.* (1998)**.

As desvantagens das estruturas de bandgap eletromagnético são:

1. É necessária uma grande área porque devem ser adoptados vários padrões periódicos.

2. É obscuro definir o elemento unitário e difícil extrair os elementos de circuito equivalentes para o elemento unitário EBG.

3. Por conseguinte, é muito restrito alargar as suas aplicações práticas aos circuitos de micro-

ondas.

Pelo contrário, é possível definir facilmente o elemento unitário do DGS e modelar o circuito equivalente.

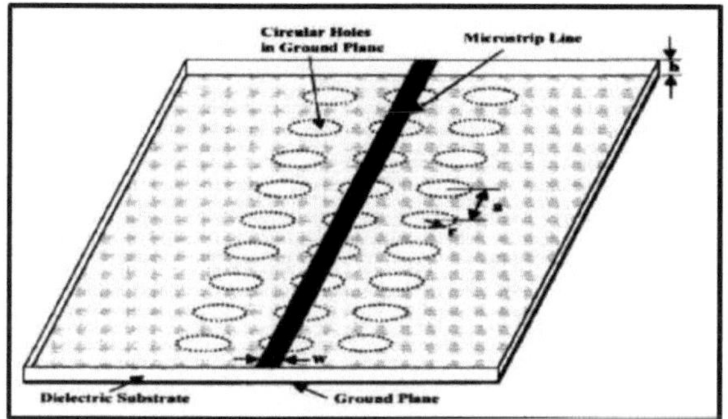

Figura 3.14: Vista tridimensional dos EBGs para DGS circular

3.7 Configurações diferentes da célula unitária DGS

A configuração do DGS pode ser classificada de acordo com a sua forma: retangular, em forma de haltere, em forma de seta, em forma circular, em forma de espiral e em forma de osso de cão, como mostra a Figura 3.15.

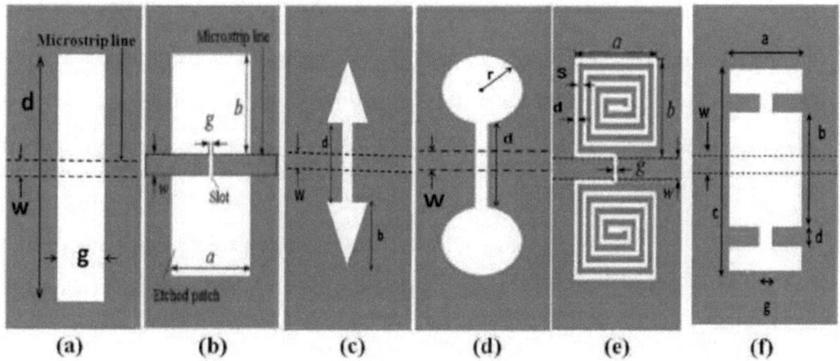

Figura 3.15: Diferentes configurações do DGS: (a) forma retangular, (b) forma de haltere, (c) forma de seta, (d) forma circular, (e) forma de espiral e (f) forma de osso de cão

3.7.6 Comparação de diferentes células unitárias DGS

Nesta secção, foi estudada a resposta de quatro formas de DGS, nomeadamente a forma retangular, a forma de haltere, a forma circular e a forma de seta, como se mostra na Figura 3.15.

Os investigadores comentaram que, para uma área igual da cabeça da ranhura, qualquer forma de ranhura pode ser utilizada para a mesma frequência de corte. No entanto, uma área igual apenas garante uma indutância equivalente igual e não a resposta idêntica dos elementos do circuito DGS. A ranhura DGS é modelada por um circuito ressonante LC paralelo, como mostra a Figura 3.16, **Ahn *et al.* (2001)**.

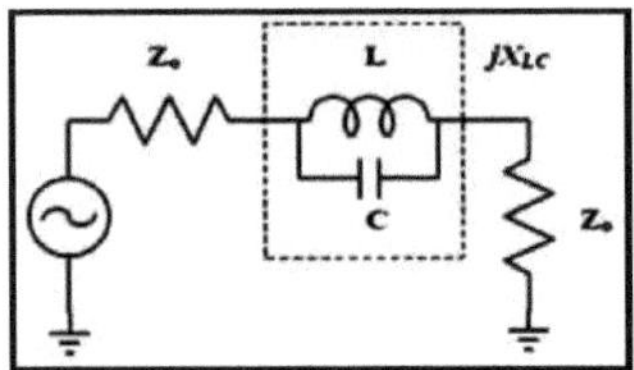

Figura 3.16: Circuitos equivalentes da ranhura DGS .

A capacitância do circuito equivalente, mostrado na Figura 3.3, pode ser extraída como:

$$C = \frac{\omega_c}{Z_0 g_1} \frac{1}{\omega_0^2 - \omega_c^2} \tag{3.4}$$

A indutância equivalente para o DGS pode ser calculada da seguinte forma:

$$L = \frac{1}{4\pi^2 f_0^2 C} \tag{3.5}$$

Em que ω_0 é a frequência angular de ressonância do ressoador LC paralelo, que corresponde ao pólo de atenuação, ω_c denota a frequência angular de corte, Z_o denota o nível de impedância escalonado das portas terminadas de entrada/saída e g_1 é dado pelo valor do protótipo do filtro passa-baixo do tipo Butterworth indicado em várias referências.

A redução do comprimento de uma ranhura retangular DGS inconvenientemente longa é conseguida através da criação de cabeças de ranhura em ambas as extremidades de uma ranhura retangular. A área da cabeça da ranhura controla basicamente a indutância, ao passo que a largura (g) da ranhura controla a capacitância **Ahn *et al.* (2001)**. Verificou-se que a distância de separação entre as cabeças das ranhuras (d) tem influência tanto na indutância como na capacitância. As várias dimensões envolvidas na formação de uma ranhura DGS têm um grau diferente de controlo sobre a frequência de corte f_c e a frequência de ressonância f_0 . Assim, a comparação do desempenho das ranhuras em relação às suas dimensões pode ser útil na sua seleção. O fator de nitidez determina a nitidez da transição da região de passagem de banda para a região de paragem de banda. A transição teórica mais nítida é obtida para $f_0 / f_c = 1$. Um valor elevado do rácio resulta numa menor nitidez da transição da banda de passagem para a banda de paragem.

CAPÍTULO-4

4.1 RESULTADOS E DISCUSSÃO

A estrutura de terra deformada (DGS) com técnica de linha de transmissão moldada é apresentada para o filtro passa-baixo compacto (LPF), filtro de paragem de banda (BSF) e projeto de sistema de transcetor. No presente trabalho, é investigada uma estrutura de terra deformada (DGS) melhorada com linha de microfita moldada para aplicações de filtro passa-baixo (LPF) compacto. Com esta estrutura, o elemento ressonante básico apresenta uma resposta passa-baixo de função elíptica. A utilização desta estrutura permite obter uma resposta de frequência de corte nítida e elevadas supressões harmónicas, juntamente com pequenas dimensões, sem a necessidade de estruturas DGS periódicas. O LPF proposto é fabricado no substrato Rogers RO3003 com constante dieléctrica $\varepsilon_r = 3$, e altura $h = 1,5\ mm$. As medições experimentais dos parâmetros de dispersão são efectuadas com o analisador de rede vetorial (VNA HP8719Es).

4.2 Proposta de um filtro passa-baixo compacto de microfita baseado em DGS e linha de microfita moldada: A estrutura de terra com defeito (DGS) baseia-se na gravação de uma determinada unidade/unidades de padrão no plano de terra metálico por baixo da linha microstrip, como a estrutura de banda fotónica (PBG) **Rao *et al.* (2003; Elsaied e Abdelrazzak (2010); Abbosh (2012); Feng *et al.* (2012); Kaiyu *et al.* (2012**). A estrutura de terra com defeito perturba a distribuição da corrente blindada no plano de terra **Radisic *et al.* (1998); Park *et al.* (1999); Ahn *et al.* (2001); Lim *et al.* (2002); Martin *et al.* (2003); Liu *et al.* (2004); JiaLin *et al.* (2005); Sio-Weng *et al.* (2006); Packiaraj *et al.* (2011**). Esta perturbação apresenta uma caraterística de onda lenta, pelo que pode alterar as características da linha de transmissão, tais como a capacitância e a indutância da linha. Além disso, a estrutura de terra com defeito aumenta a impedância caraterística da linha microstrip, pelo que pode ser utilizada uma linha microstrip mais larga. Isto pode levar a maiores capacidades de potência do transmissor.

A estrutura de terra deformada (DGS) permite a rejeição de bandas em determinadas bandas de frequência, o que pode ser designado por efeito de banda separada ou de banda de paragem. A alteração das dimensões físicas do padrão gravado pode facilmente controlar a indutância e a capacitância efectivas. O DGS tem sido aplicado na conceção de circuitos de micro-ondas, tais como filtros de micro-ondas **Radisic *et al.* (1998); Park *et al.* (1999); Ahn *et al.* (2001); Lim *et al.* (2002); Martin *et al.* (2003); Liu *et al.* (2004); JiaLin *et al.* (2005); Sio-Weng *et al.* (2006); Packiaraj *et al.* (2011); Rao *et* al. (2003); Elsaied e Abdelrazzak (2010); Abbosh (2012); Feng *et al.* (2012); Kaiyu *et al.* (2012**) , divisores de potência, acopladores, amplificadores, osciladores, etc., utilizando padrões periódicos de DGS sob a linha de microfita. Por outras palavras, os DGS são utilizados para reduzir o tamanho e melhorar o desempenho dos componentes de microfita **Radisic *et al.* (1998); Park *et al.* (1999); Ahn *et al.* (2001); Lim *et al.* (2002); Martin *et al.* (2003); Liu *et al.* (2004); JiaLin *et al.* (2005); Sio-Weng *et al.* (2006); Packiaraj *et al.* (2011)**. Mais esforços estão a ser feitos para introduzir filtros de microfita compactos usando estruturas acopladas a linhas de transmissão moldadas e células ressonadoras **Abbosh (2012); Kaiyu *et al.* (2012)**.

4.3 Filtro passa-baixo DGS em forma de U equilateral duplo

A unidade DGS em forma de U equilátero duplo apresentada por **Sio-Wenget *al.* (2006)** é mostrada na Figura 4.1. Tem uma linha microstrip de 5("Ш no topo e dois padrões em forma de U equilátero que são gravados simetricamente no plano de terra. Cada padrão em U consiste em três linhas gravadas com o mesmo comprimento mas com larguras diferentes (W_1 , W_2 , e W_3). Os dois padrões em U têm comprimentos diferentes, de modo que $L_1 > L_2$.

A unidade DGS foi simulada com o IE3D no substrato Rogers RO4003 com uma constante dieléctrica $\varepsilon_r = 3{,}38$ e uma espessura $h = 1{,}524\ mm$. A Figura 4.2 mostra o parâmetro Simulated $|S_{21}|$ de uma unidade DGS em forma de U equilátero duplo com $L_1 = 12\ mm$, $L_2 = 7\ mm$ e diferentes larguras **(Sio-Weng *et al.*, 2006).**

Os elementos DGS com dimensões uniformes são colocados em cascata num padrão periódico unidimensional (1-D) de modo a obter uma banda de paragem mais larga, mesmo no que diz respeito à ondulação da banda de passagem. Para contrariar este problema de ondulação, foram compostas configurações não uniformes para obter simultaneamente uma banda de paragem muito mais larga e uma ondulação menor na banda de passagem (**Radisic *et al.* (1998); Park *et al.* (1999); Ahn *et al.* (2001); Lim *et al.* (2002); Martin *et al.* (2003); Liu *et al.* (2004); JiaLin *et al.* (2005); Sio-Weng *et al.* (2006); Packiaraj *et al.* (2011); Rao *et* al. (2003); Elsaied e Abdelrazzak (2010); Abbosh (2012); Feng *et al.* (2012); Kaiyu *et al.* (2012)**). Verifica-se que quanto mais elementos DGS são utilizados, mais larga é a banda de paragem.

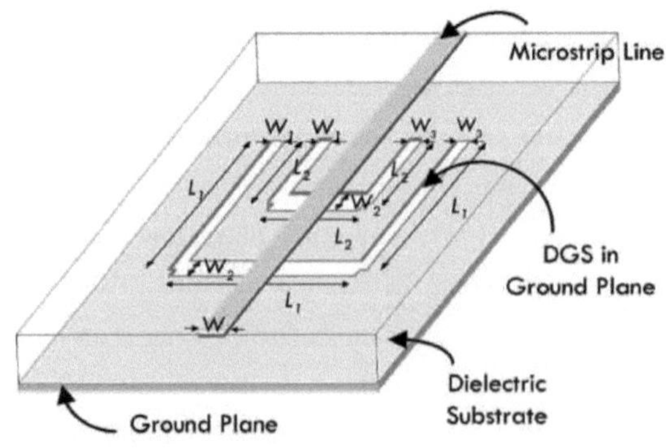

Figura 4.1: Vista tridimensional da unidade DGS

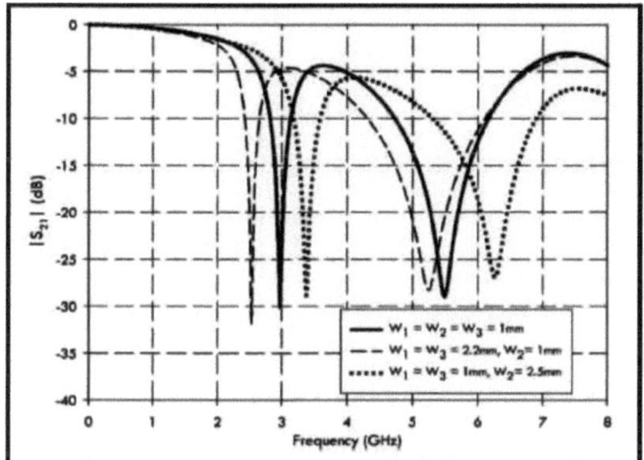

Figura 4.2: Parâmetro simulado $|S_{21}|$ simulado da unidade DGS em forma de U equilátero duplo

com $L_1 = 12\ mm$, $L_2 = 7\ mm$ **e diferentes larguras**

4.4 Primeira proposta de filtro passa-baixo compacto

Uma estrutura de terra defectada (DGS) melhorada com uma linha de microfita moldada é investigada para aplicações compactas de filtros passa-baixo (LPF). Com esta estrutura, o elemento ressonante básico apresenta uma resposta passa-baixo de função elíptica. A utilização desta estrutura permite obter uma resposta de frequência de corte nítida e elevadas supressões harmónicas, juntamente com um tamanho reduzido, sem a necessidade de estruturas DGS periódicas.

O padrão DGS gravado introduzido é uma configuração melhorada de **Sio-Weng *et al.* (2006)** e pode efetivamente perturbar a distribuição da corrente de blindagem no plano de terra da linha microstrip. Esta perturbação altera grandemente as características da linha microstrip, tais como a indutância L e a capacitância C. Com esta estrutura, o elemento ressonante básico apresenta uma resposta passa-baixo de função elíptica.

Nesta secção, é proposta uma nova conceção de um filtro passa-baixo com características de banda passante relativamente planas e uma banda de paragem larga superior a 8 GHz com elevada atenuação. O filtro proposto baseia-se numa estrutura de terra com defeito (DGS) com uma linha de microfita moldada, como se mostra na Figura 4.3. A descrição pormenorizada da estrutura DGS e da linha de transmissão é apresentada na Figura 4.4.

O filtro proposto foi simulado utilizando o software CST-MICROWAVE STUDIO no substrato

Rogers RO4003, que tem uma constante dieléctrica ε_r = 3,38 e uma espessura h=1,524 mm, tal como o filtro DGS em forma de U equilátero duplo apresentado em **Sio-Weng *et al.* (2006)**.

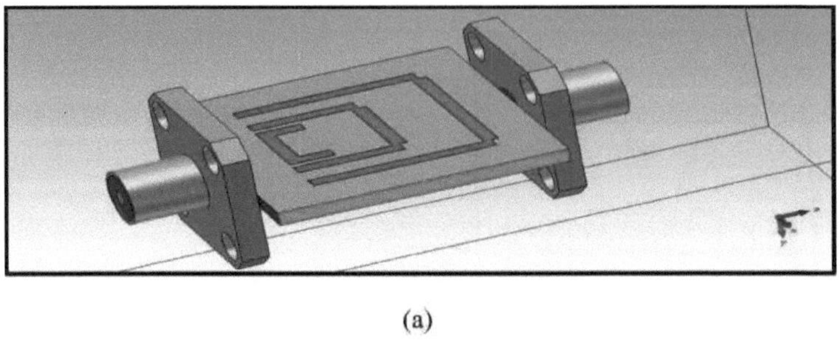

(a)

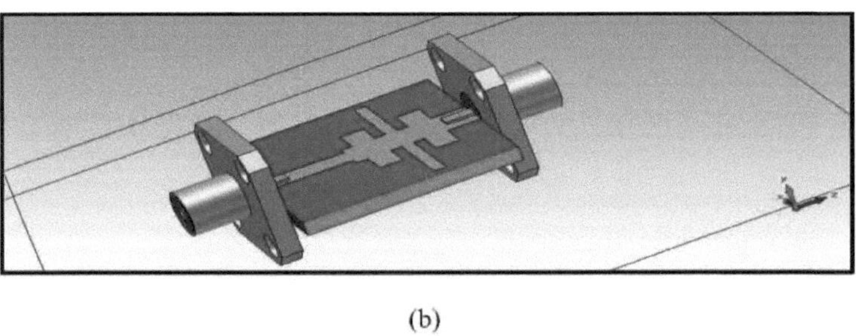

(b)

Figura 4.3 (a): vista traseira e (b) vista frontal do projeto CST simulado do filtro passa-baixo proposto

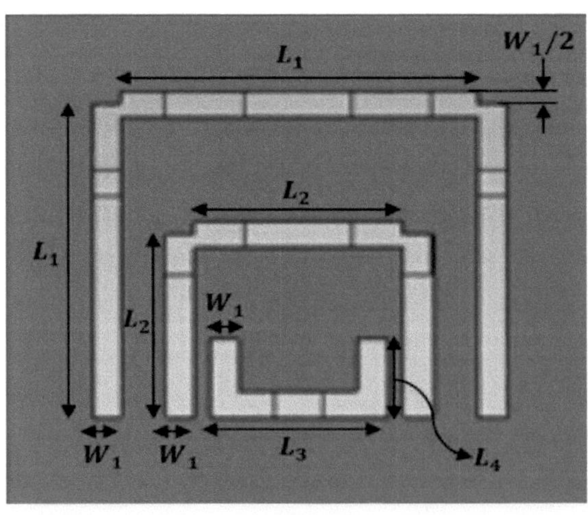

(a)

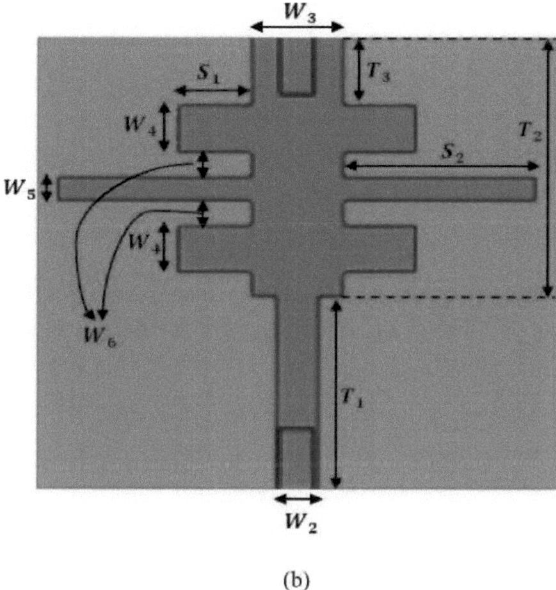

(b)

Figura 4.4: Descrição da (a) unidade DGS e (b) dimensão da linha de transmissão

A estrutura da DGS é composta por:

1. Duas unidades DGS equiláteras em forma de U com dimensões (L_1 = 12 mm, L_2 = 7mm, W_1 = 1 mm).

2. Unidade DGS em forma de U invertido colocada no interior da unidade DGS em forma de U equilátero interior, como se mostra na Figura 4.4 (a). As dimensões da unidade invertida são (L_3 = 6 mm, L_4 = 2,5 mm, W_1 = 1 mm).

A adição da unidade DGS em forma de U invertido proporciona uma maior atenuação para os harmónicos de alta frequência. O comprimento do braço L_4 da unidade DGS em forma de U invertido controla a atenuação na banda de paragem.

A linha microstrip moldada consiste em:

1. Duas secções de linha microstrip com larguras diferentes (W_2 = 2,2 mm, e W_3 = 3,53 mm) e comprimentos diferentes (T_1 = 8 mm, e T_2 = 11 mm), como se mostra na Figura 4.4 (b).

2. Três secções duplas paralelas de stub com larguras diferentes (W_4 = 2 mm, W_5 = 1 mm) e comprimentos diferentes (S_1 = 2,735 mm, S_2 = 7,235 mm).T_2 = 3 mm) e a distância de separação entre os stubs é W_6 = 1 mm.

A adição das três secções duplas paralelas de stub permite o controlo da correspondência de impedância para as portas de entrada e saída, de modo a obter uma maior atenuação na banda de paragem.

4.4 Resultados da simulação

Nesta secção, são apresentados os resultados da simulação do filtro passa-baixo DGS em forma de U equilátero duplo apresentado em **Sio-Weng *et al.* (2006)** e do filtro proposto.

4.4.1 Resultados da simulação do LPF DGS em forma de U equilateral

O filtro passa-baixo DGS em forma de U equilátero duplo apresentado por **Sio-Weng *et al.* (2006)** é simulado utilizando o pacote de software CST MICROWAVE STUDIO. O filtro passa-baixo é realizado no substrato Rogers RO4003 com constante dieléctrica ε_r = As dimensões do DGS em forma de U equilátero duplo utilizadas na simulação são L_1 = 12 mm , L_2 = 7mm , W_1 = W_2 = W_3 = 1 mm. A Figura 4.2 mostra as vistas frontal e traseira do projeto CST simulado do filtro passa-baixo DGS em forma de U equilátero duplo com os conectores SMA **Sio-Weng *et al*. (2006)**.

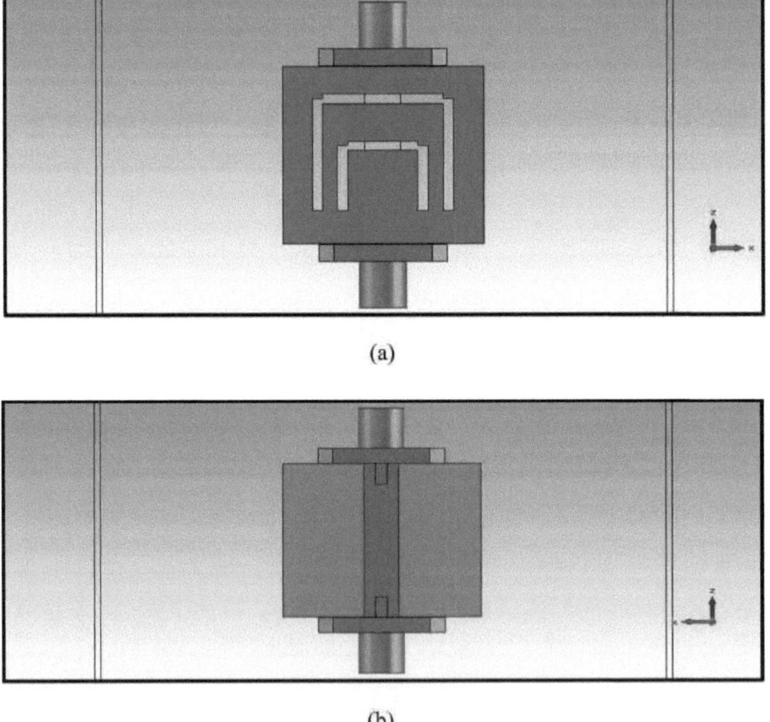

(a)

(b)

Figura 4.5: (a) vista traseira e (b) vista frontal do projeto CST simulado do filtro passa-baixo DGS em forma de U equilátero duplo

Na simulação CST, utilizámos o conetor SMA de 50Ω apresentado na Figura 4.6 como sonda de alimentação.

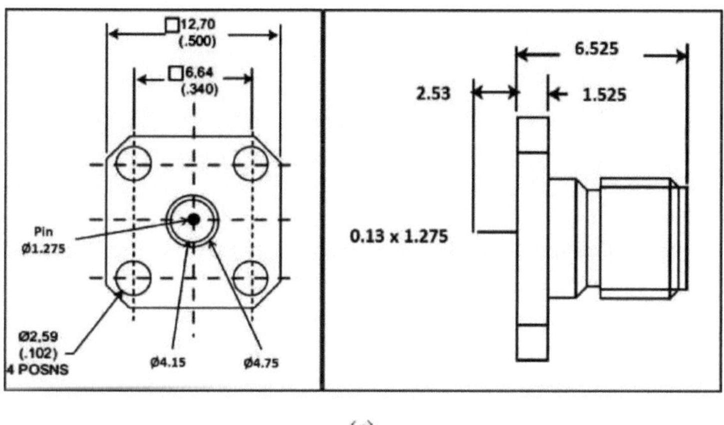

(a)

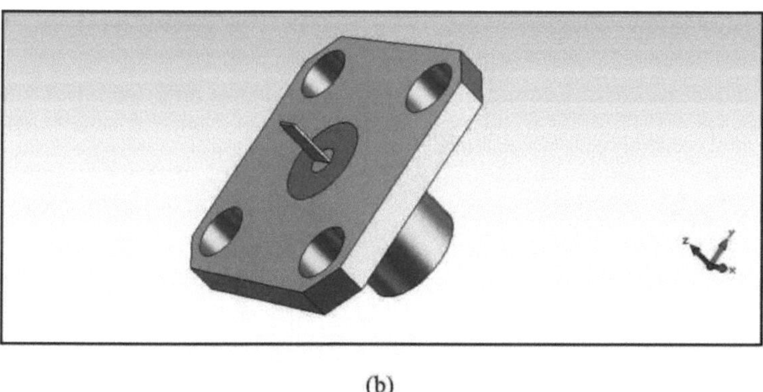

(b)

Figura 4.6 (a) O esquema do conetor SMA de 50∩ comercial utilizado no processo de síntese, (b) desenho CST do conetor SMA de 50∩

Os resultados da simulação indicam que o filtro passa-baixo tem as seguintes desvantagens:

1. O parâmetro de dispersão S_{11} na banda passante não é plano, o que pode provocar distorção do sinal, uma vez que cada componente de frequência do sinal de entrada será sujeito a uma atenuação diferente.

2. Baixa atenuação na banda de paragem, uma vez que o parâmetro de dispersão S_{21} é relativamente elevado numa vasta gama de frequências da banda de paragem.

3. Para obter um filtro passa-baixo com uma caraterística de banda passante plana e uma atenuação

elevada da banda de paragem, é necessário colocar em cascata várias unidades DGS em forma de U. Isto conduz a um filtro de grandes dimensões.

4.4.2 Resultados da simulação do primeiro LPF proposto

Para a estrutura proposta, obtém-se uma banda de paragem larga com uma atenuação superior a 20 dB. A Figura 4.7, a Figura 4.8, a Figura 4.9 e a Figura 4.10 mostram os parâmetros de dispersão do filtro proposto em comparação com o filtro passa-baixo DGS em forma de U equilátero duplo de **Sio-Weng (2006)**.

Os resultados da simulação indicam que o filtro passa-baixo proposto tem as seguintes características

1. Os parâmetros de dispersãoS_{11} e S_{21} na banda passante são planos, o que evita a distorção do sinal, uma vez que cada componente de frequência do sinal de entrada será sujeito à mesma atenuação.

2. A banda de paragem tem uma atenuação elevada, uma vez que o parâmetro de dispersão S_{21} é relativamente baixo numa vasta gama de frequências da banda de paragem.

3. O filtro passa-baixo proposto tem características de banda passante relativamente planas e uma atenuação elevada da banda de paragem sem necessidade de colocar em cascata várias unidades DGS em forma de U, o que conduz a um tamanho de filtro compacto.

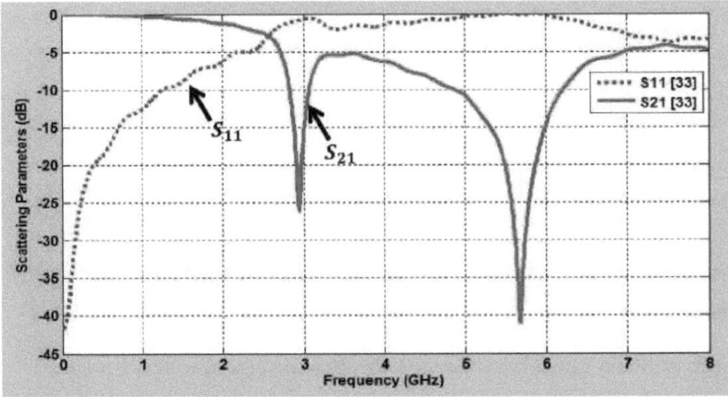

Figura 4.7: Os parâmetros de dispersão (s_{11} e s_{21}) do filtro passa-baixo DGS em forma de U equilátero duplo com (L_1 = 12 mm, L_2 = 7mm, $W_1 = W_2 = W_3$ = 1 mm)

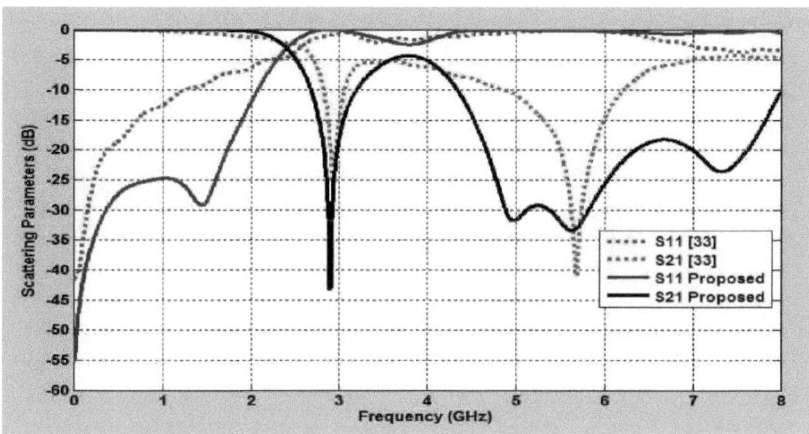

Figura 4.8: Parâmetros de dispersão do filtro proposto em comparação com o filtro passa-baixo DGS em forma de U equilátero duplo

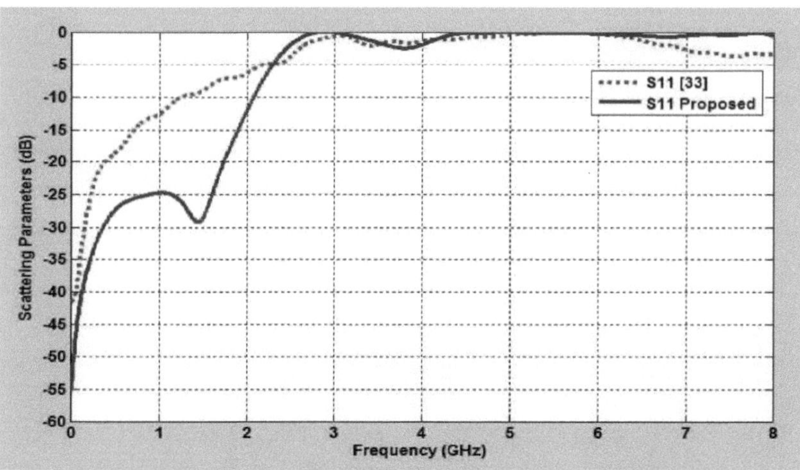

Figura 4.9: O parâmetro de dispersão S_{11} do filtro proposto comparado com o do filtro passa-baixo DGS em forma de U equilátero duplo

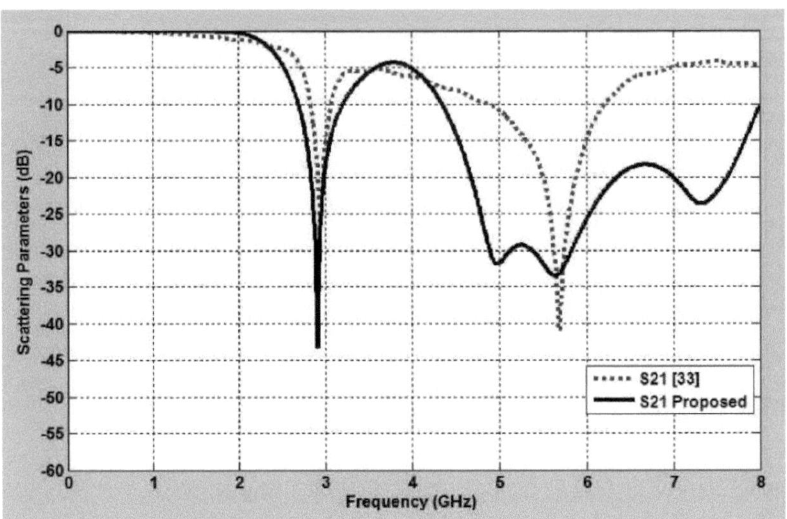

Figura 4.10: O parâmetro de dispersão S_{21} do filtro proposto comparado com o do filtro passa-baixo DGS em forma de U equilátero duplo

4.5 Fabrico do primeiro filtro proposto

O filtro proposto é fabricado no substrato Rogers RO3003 com constante dieléctrica $\varepsilon_r = 3$, e altura $h = 1{,}5$ *mm* em vez do substrato Rogers RO4003 com constante dieléctrica $\varepsilon_r = 3{,}38$ e espessurah = 1,525 mm, que não está disponível no laboratório de fabrico. O filtro fabricado tem um tamanho compacto de (20 mm × 19 mm). A figura 4.11 mostra a imagem do filtro fabricado.

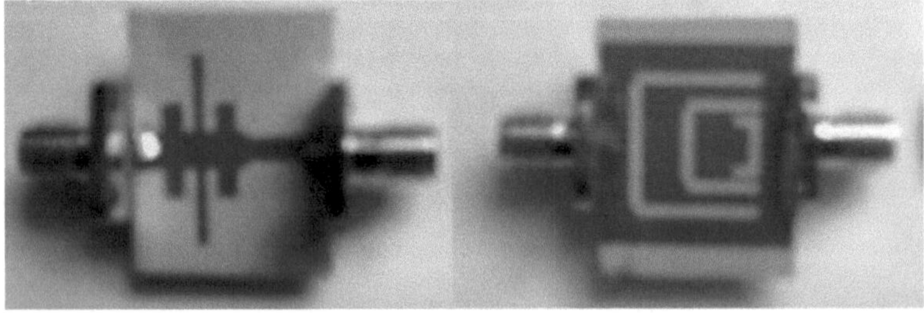

Figura 4.11: A imagem do filtro fabricado no substrato RO3003 da Rogers

Como resultado desta alteração do "*substrato*" do material, *ocorre* uma ligeira mudança de frequência de cerca de *0,2 GHz* nos resultados da simulação dos parâmetros de dispersão, como se mostra na Figura 4.12.

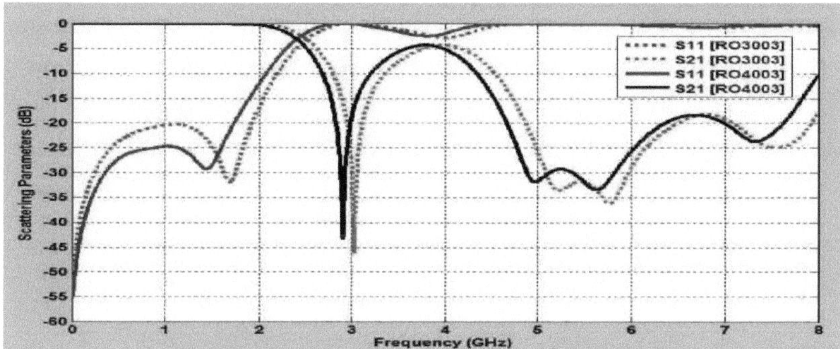

Figura 4.12: Mudança de frequência ocorrida nos parâmetros de dispersão simulados utilizando substratos Rogers RO4003 versus RO3003 da Rogers

A Figura 4.13 mostra os parâmetros de dispersão do filtro passa-baixo proposto, obtidos com o simulador CST, em comparação com os resultados das medições experimentais. As medições experimentais foram efectuadas com o analisador de rede vetorial (VNA HP8719Es). Verifica-se uma boa concordância entre as medições e os resultados da simulação.

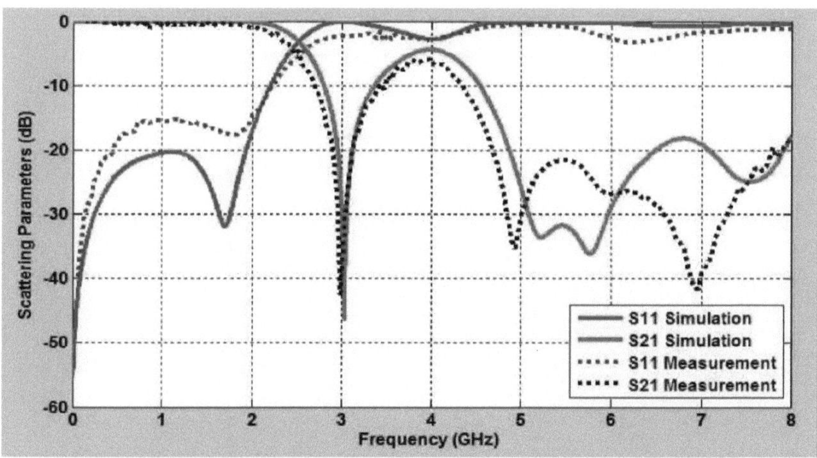

Figura 4.13: Parâmetros de dispersão do filtro passa-baixo proposto, obtidos com o simulador CST, comparados com os resultados das medições experimentais

4.6 Segunda proposta de filtro passa-baixo compacto

Nesta secção, é proposta uma estrutura de terra defectada em forma de U (DGS) com uma linha de microfita moldada para a implementação de um filtro passa-baixo (LPF) compacto. Para melhorar as características do filtro, são utilizadas as técnicas de alimentação inset e de correspondência de stub. O filtro proposto é composto por unidades DGS em forma de U duplo no plano de terra e uma linha microstrip moldada no topo. Esta estrutura permite uma resposta de frequência de corte nítida e uma elevada supressão de harmónicos. Além disso, proporciona um tamanho de filtro compacto sem a necessidade de estruturas DGS periódicas em cascata. A atenuação da banda de paragem é controlada através do ajuste da profundidade da alimentação inserida e do comprimento das secções de stub. Tem uma frequência de corte de 3 dB a 2,7

GHz e é tão pequeno como 20 mm × 19 mm. O filtro passa-baixo proposto é apresentado na figura 4.14. A descrição pormenorizada da estrutura DGS e da linha de transmissão é apresentada na figura 4.15.

(a)

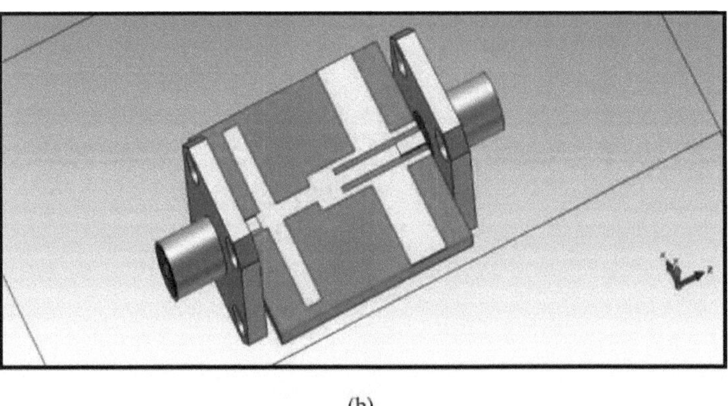

(b)

Figura 4.14: (a) Vista traseira e (b) Vista frontal do projeto CST simulado do segundo filtro passa-baixo proposto

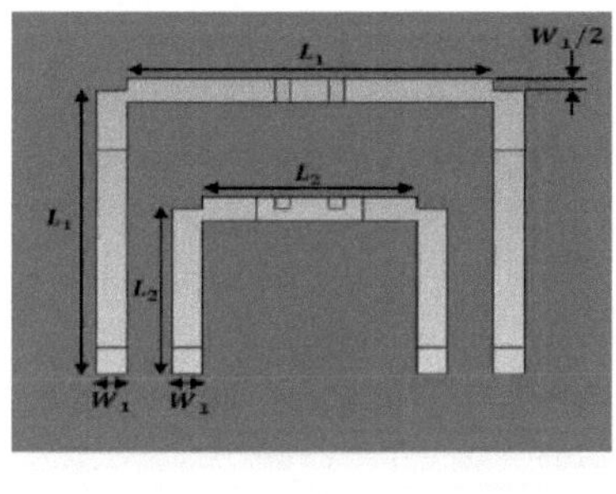

(a)

(b)

Figura 4.15: Descrição da unidade DGS (a) e das dimensões da linha de transmissão (b)

O filtro proposto foi simulado com o software CST-MICROWAVE STUDIO, utilizando o substrato Rogers RO4003 com constante dieléctrica $\varepsilon_r = 3,38$ e espessura h=1,524 mm, tal como o filtro DGS em forma de U equilátero duplo de **Sio-Weng (2006)**.

A estrutura da DGS é composta por:

Dois DGS em forma de U equilátero com as mesmas dimensões que o projeto de ($L_1 = 12$ mm, $L_2 =$ 7mm, $W_1 =1$ mm).

A linha microstrip moldada é constituída por:

1. Duas secções de linhas de microfita com larguras diferentes ($W_2 = 3,53$ mm, e $W_5 = 1,6$ mm) e comprimentos diferentes ($T_1 = 19$ mm, $T_2 = 2,47$ mm, $T_3 = 11$ mm, e $T_4 = 3,4$ mm), como mostra a Figura 4.15b.

2. Duas secções de duplo toco em circuito aberto de diferentes larguras ($W_3 = 3,53$ mm, $W_4 = 1,6$ mm) e diferentes comprimentos ($S_1 = 8,235$ mm, $S_2 = 8,2$ mm).

3. Um avanço de inserção com largura $W_{inset} = 0,5$ mm e profundidade$L_{inset} = 8,5$ mm.

A adição das secções duplas de stub e a alimentação inserida fornecem um meio para a correspondência de impedância nas portas de entrada e de saída. A atenuação na banda passante e na banda de paragem é controlada ajustando os comprimentos das secções de stub e a profundidade da inserção.

4.6.1 Resultados da simulação do segundo LPF compacto proposto

A estrutura proposta proporciona uma banda de paragem larga com uma atenuação elevada, superior a 30 dB, numa vasta gama de frequências da banda de paragem. A Figura 4.16 mostra os parâmetros de dispersão do filtro proposto em comparação com o filtro passa-baixo DGS em forma de U equilátero duplo de **Sio-Weng (2006)**. Os resultados da simulação indicam que o filtro passa-baixo proposto tem as seguintes características

1. Os parâmetros de dispersão S_{11} e S_{21} na banda passante são relativamente planos, o que evita a distorção do sinal de entrada, uma vez que cada componente de frequência do sinal de entrada será sujeito à mesma atenuação.

2. A banda de paragem tem uma atenuação elevada em que o parâmetro de dispersão S_{21} é inferior a -30dB numa vasta gama de frequências da banda de paragem.

3. O filtro passa-baixo proposto tem características de banda passante plana e elevada atenuação da banda de paragem sem necessidade de colocar em cascata várias unidades DGS em forma de U.

4. A figura 4.17 mostra os parâmetros de dispersão medidos do filtro passa-baixo do tipo I da figura 4.16, em que, para obter uma atenuação da banda de paragem superior a 30dβ, é necessário colocar em cascata cinco estruturas DGS. Esta cascata resulta em dimensões de filtro muito maiores, de cerca de (20 mm × 108 mm), enquanto as dimensões do filtro proposto não excedem (20 mm × 19 mm).

5. Além disso, a Figura 4.17 mostra que o filtro passa-baixo do tipo I tem grandes ondulações na banda passante, enquanto o filtro proposto tem uma caraterística de banda passante plana Sio-Weng (2006).

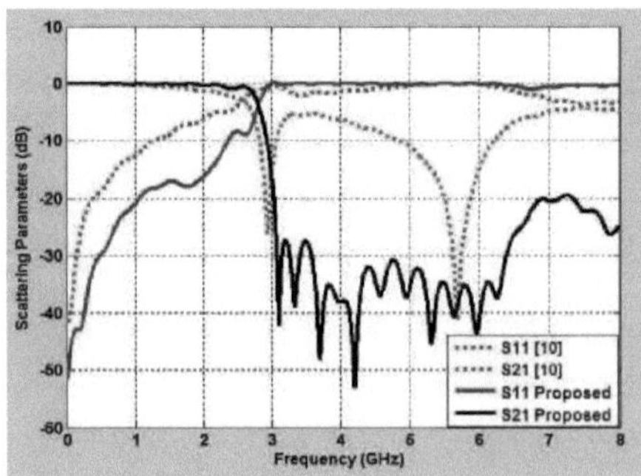

Figura 4.16: Parâmetros de dispersão do filtro proposto em comparação com o filtro passa-baixo DGS em forma de U equilátero duplo

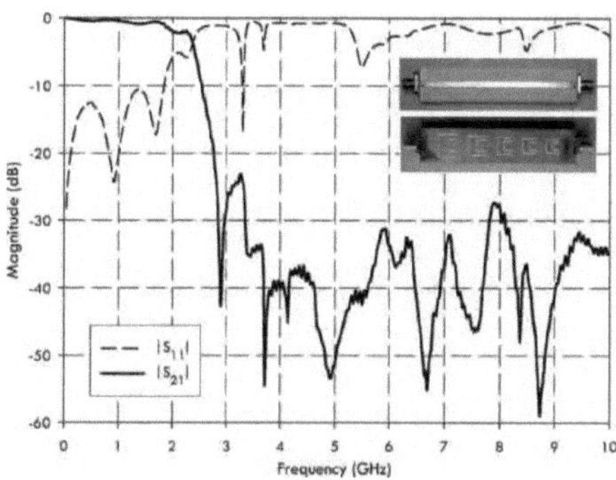

Figura 4.17: Os parâmetros S do filtro passa-baixo do tipo I

4.7 Transcetor frontal de antena de microfita de banda dupla proposto

Nesta secção, é apresentada uma nova conceção de uma antena de microfita de banda dupla com polarização dupla. Neste projeto, um conjunto de unidades de estrutura de terra com defeito (DGS) é gravado no plano de terra por baixo da linha de alimentação da antena de microfita nas portas de transmissão e receção. Esta técnica permite obter um elevado grau de isolamento entre as portas de transmissão e de receção da antena de microfita. Outro problema surge da excitação de harmónicos de ordem superior do amplificador de potência no transmissor. Para suprimir estes harmónicos, pode utilizar-se um conjunto de padrões DGS gravados no plano de terra por baixo da linha de alimentação da antena de microfita na porta de transmissão. Por outro lado, o DGS aumenta a impedância caraterística da linha microstrip, pelo que pode ser utilizada uma linha microstrip mais larga, o que conduz a maiores capacidades de potência do transmissor. Além disso, o DGS actua como um filtro de microfita que passa o sinal da banda de frequência desejada e filtra o sinal da banda de frequência de transmissão indesejada. As configurações de DGS aplicadas ao projeto podem ser classificadas de acordo com a sua forma como quadradas, circulares, em seta, em espiral, etc. Cada configuração tem a sua própria caraterística e circuito equivalente. O sistema acima mencionado tem muitas vantagens, tais como, forma muito simples, peso leve, alto isolamento de porta e eliminação da necessidade de duplexadores e circuladores. Por conseguinte, reduz o número total de componentes no sistema de transmissor-recetor, aumentando assim a eficiência do sistema e reduzindo o seu custo em relação aos sistemas convencionais.

O sistema proposto consiste numa antena de microfita retangular de dupla polarização acoplada por proximidade com duas linhas de alimentação ortogonais. Dois tipos de unidades DGS em forma de U são integrados com linhas de transmissão de microfita, conhecidas como unidades DGS em forma de U separadas e unidades DGS em forma de U entrelaçadas. As unidades DGS em forma de U separadas são gravadas no plano de terra por baixo da linha de alimentação da antena de microfita na porta de transmissão *(f_t = porta da antena de 2,656 GHz)*. As unidades DGS em forma de U entrelaçadas são gravadas no plano de terra por baixo da linha de alimentação da antena de microfita na porta de receção *(f_r* = 1,824 GHzportal da antena).

O sistema proposto é composto por três unidades principais:

1. Antena retangular de banda larga de microfita.
2. Filtro de paragem de banda em microfita.
3. Filtro passa-baixo de microfita.

3.1.1 Proposta de projeto de antena de banda larga de microfita

As antenas microstrip ou antenas *patch* são efetivamente utilizadas nos sistemas de comunicação de elevado desempenho, em que o tamanho, o peso, o custo, o desempenho, a facilidade de instalação e o perfil aerodinâmico são condicionantes, podendo ser necessárias antenas de baixo perfil. As antenas de microfita são amplamente utilizadas em aeronaves, naves espaciais, satélites, aplicações de mísseis e aplicações comerciais, como rádio móvel e comunicações sem fios **Balanis (2005)**. Estas antenas são de baixo perfil, adaptam-se a superfícies planas e não planas, são simples e baratas de fabricar utilizando a moderna tecnologia de circuitos impressos, são mecanicamente robustas quando montadas em superfícies rígidas e são compatíveis com projectos MMIC.

Na sua forma mais básica, uma antena de microstrip patch consiste num patch radiante num substrato dielétrico que tem um plano de terra no outro lado, como mostra a Figura 4.18, **Balanis (2005)**. A mancha é geralmente feita de material condutor, como cobre ou ouro, e pode assumir qualquer forma possível. A mancha radiante e as linhas de alimentação são geralmente foto gravadas no substrato dielétrico.

A mancha é selecionada para ser muito fina, de modo a que $t << \lambda_0$ (em que t é a espessura da mancha). A altura *h* do substrato dielétrico é normalmente $0,003\ \lambda_0 \leq h \leq 0,05\lambda_o$. A constante dieléctrica do substratoε_r é normalmente da ordem de $2,2 \leq \varepsilon_r \leq 12$. Para um bom desempenho da antena, são desejáveis substratos espessos com uma constante dieléctrica baixa na extremidade inferior da gama, porque proporcionam uma melhor eficiência, uma maior largura de banda e campos de radiação para o espaço mais soltos, mas à custa de um maior tamanho do elemento **Pozar (1992)**. Os substratos finos com constantes dieléctricas mais elevadas são desejáveis para circuitos de micro-ondas, como linhas de transmissão, divisores/combinadores de potência, isoladores e circuladores, porque requerem campos fortemente ligados para minimizar a radiação e o acoplamento indesejáveis, e conduzem a elementos de menores dimensões.

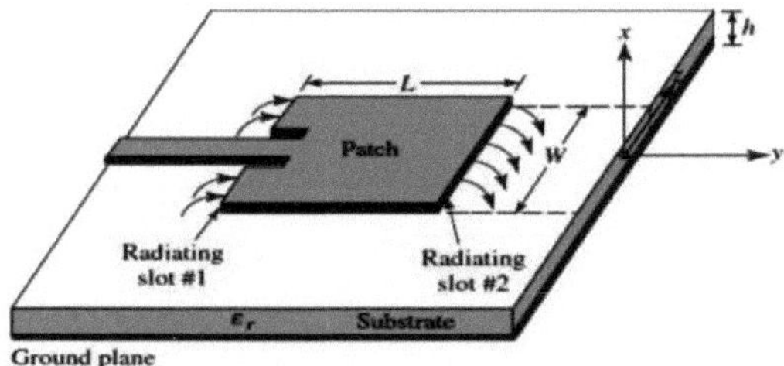

Figura 4.18: Estrutura de uma antena de microstrip patch

Nesta secção, apresenta-se o projeto de uma antena retangular de banda larga com duas linhas ortogonais de microfita. A largura de banda total da antena é controlada através da otimização do raio da unidade circular DGS. Este tipo de antenas WB resulta em melhores características de padrão de radiação. A Figura 4.19 mostra a geometria e as dimensões da antena retangular proposta com um *(W = L = 16 mm)*. O círculo DGS encontra-se no centro do substrato com um raio de $r = 7$ mm.

A antena foi concebida sobre um substrato Rogers RO3003 com constante dieléctrica $\varepsilon_r = 3$, $h = 1{,}5$ mm. A Figura 4.20 mostra os resultados da simulação dos parâmetros de dispersão da antena retangular

(a) Vista frontal (mancha retangular)

(b) Vista traseira (DGS circular)

Figura 4.19: A geometria e as dimensões da antena retangular proposta com um *(W* = *L* = 16 *mm)* **e um raio de círculo DGS** *r* = *7mm*

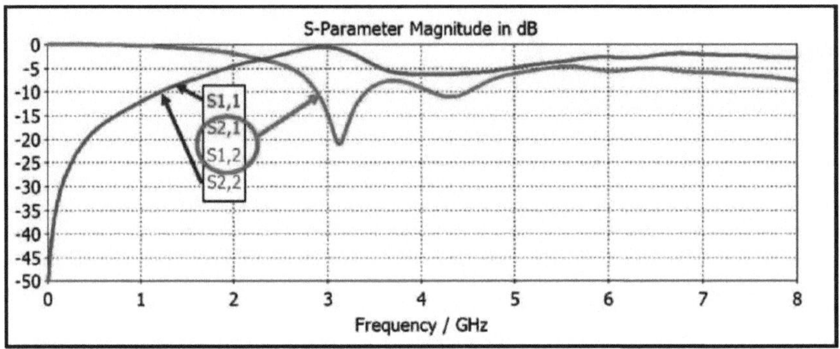

Figura 4.20: Resultados da simulação dos parâmetros de dispersão da antena retangular

3.1.2 Proposta de projeto de filtro de paragem de banda em microfita

Um filtro de paragem de banda DGS em forma de U entrelaçado (BSF) consiste em duas unidades DGS em forma de U entrelaçadas opostas de igual tamanho ligadas entre si por uma linha de microfita estreita, como se mostra na Figura 4.21. Os parâmetros de projeto sãoW1 = *1,5mm,* W2 = *W3* = *1mm* , *W4* = 0,5mm , *L1* = *5mm* , *L2* = *17mm* , e *L3* = *11mm* . A largura da linha de transmissão é de 3,5 mm e as dimensões do substrato são (20 mm × 19 mm). O DGS-BSF em forma de U entrelaçado proposto é colocado no lado do recetor. Foi concebido para passar o sinal da banda de frequência desejada (sinal da banda de 1,824 *GHz*) e filtrar/suprimir o sinal da banda de frequência de transmissão indesejada (sinal da banda de 2,656 GHz) na porta do recetor.

A Figura 4.22 mostra as vistas frontal e traseira do BSF proposto. O filtro foi concebido no substrato Rogers RO3003, tal como a antena retangular previamente concebida. A Figura 4.23 mostra os resultados da simulação dos parâmetros de dispersão do BSF proposto com banda de paragem de 1,7 GHz a 3,2 GHz.

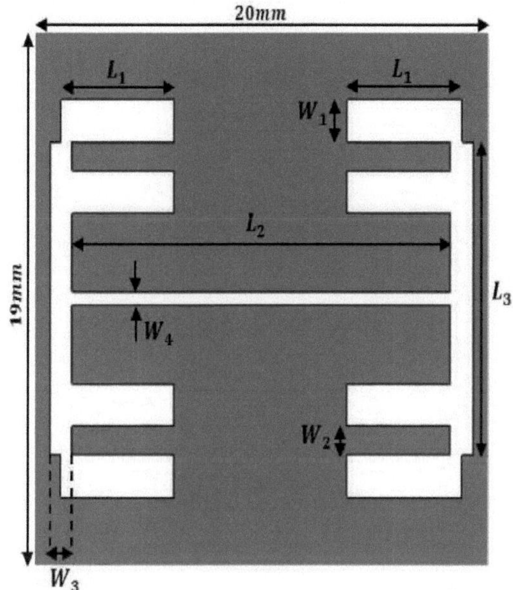

Figura 4.21: Os parâmetros de conceção da BSF proposta concebida no substrato Rogers RO3003 com constante dieléctrica $\varepsilon_r = 3$ **, e altura** $h = 1,5\ mm$

(a) Vista frontal

(b) Vista traseira

Figura 4.22: Vistas frontal e traseira da BSF proposta, concebida no substrato Rogers RO3003 com constante dieléctrica $\varepsilon_r = 3$ e altura $h = 1{,}5\ mm$

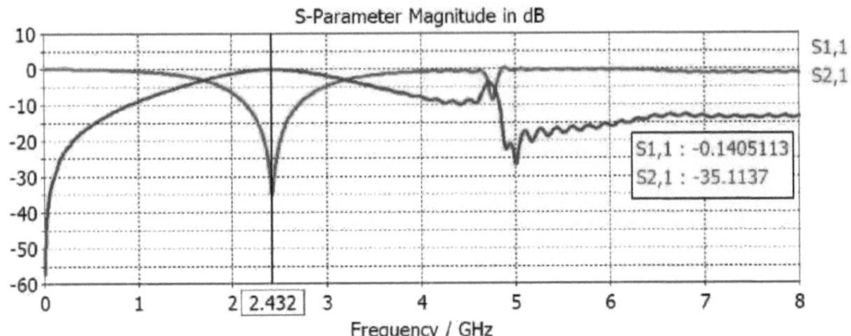

Figura 4.23: Resultados da simulação dos parâmetros de dispersão da BSF proposta com banda de paragem de 1,7 GHz a 3,2 GHz

3.1.3 Proposta de projeto de filtro passa-baixo de microfita

Nesta secção, o filtro passa-baixo proposto é colocado no lado do transmissor. Foi concebido para passar o sinal da banda de frequência desejada (sinal da banda de *2,656 GHz*) e filtrar/suprimir o sinal da banda de frequência de receção indesejada (sinal da banda de 1,824 GHz) na porta do transmissor.

A Figura 4.24 mostra os resultados da simulação dos parâmetros de dispersão do LPF proposto com frequência de corte de 3,024 GHz.

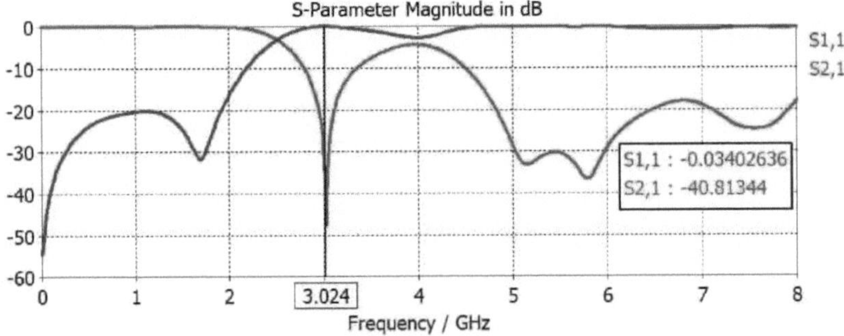

Figura 4.24: Resultados da simulação dos parâmetros de dispersão do LPF proposto com frequência de corte de 3,024 GHz

3.1.4 O sistema transcetor proposto

A Figura 4.25 mostra o desenho completo do transcetor de extremidade frontal da antena retangular de microfita acoplada de banda dupla proposta. A antena de microfita retangular de banda dupla com dupla alimentação e acoplamento de proximidade foi fabricada no substrato Rogers RO3003 com constante dieléctrica $\varepsilon_r = 3$ e altura $h = 1{,}5\ mm$. As dimensões do transcetor são (39 mm × 39 mm).

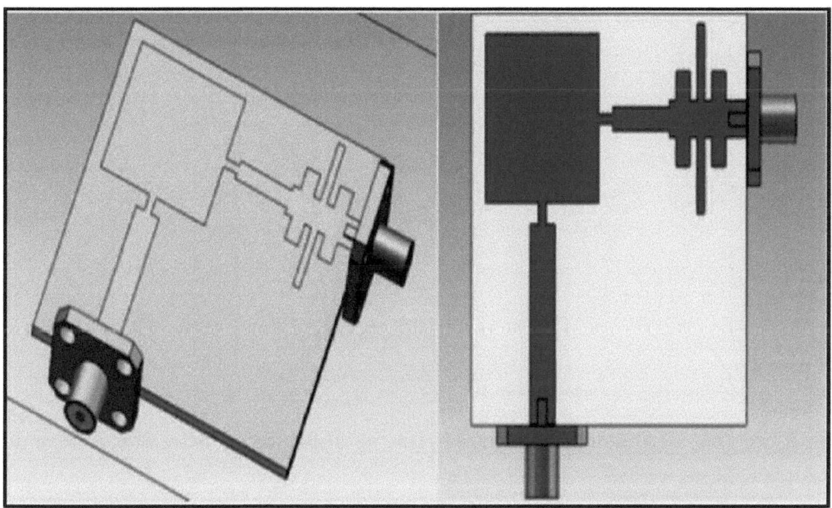

(a) Vista da fonte

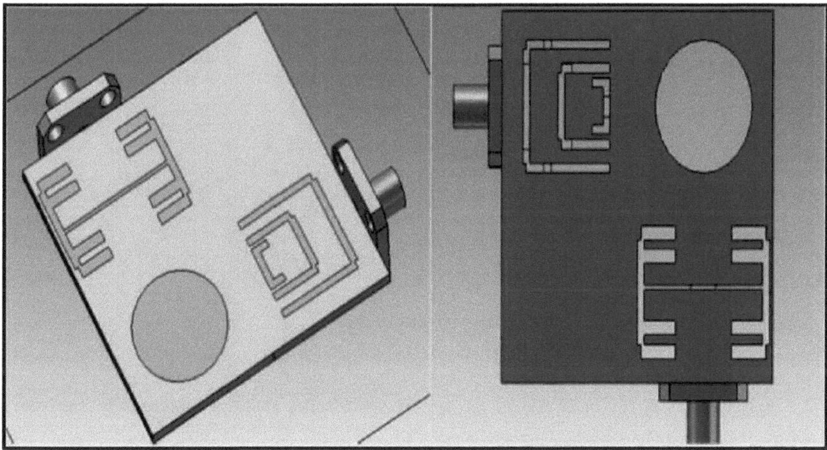

(b) Vista traseira

Figura 3.25: O desenho completo do transcetor de extremidade frontal da antena retangular de microfita acoplada por proximidade de banda dupla proposta

A Figura 4.26 mostra os resultados da simulação dos parâmetros de dispersão (perdas de retorno) do sistema de antena de transcetor de porta dupla. Os resultados da simulação indicam que cada porta da antena entra em ressonância numa frequência diferente. A porta de transmissão entra em ressonância a f_t = *2,656 GHz,* enquanto a porta de receção entra em ressonância a f_r = 1,824 *GHz.*

A Figura 4.27 mostra as características de isolamento de porta simuladas para o sistema de transcetor. A magnitude da perda de inserção para o sistema a 1,824 GHz atinge 20,5 *dB*. A magnitude da perda de inserção para o sistema a 2,656 GHz atinge 13,4 dB.

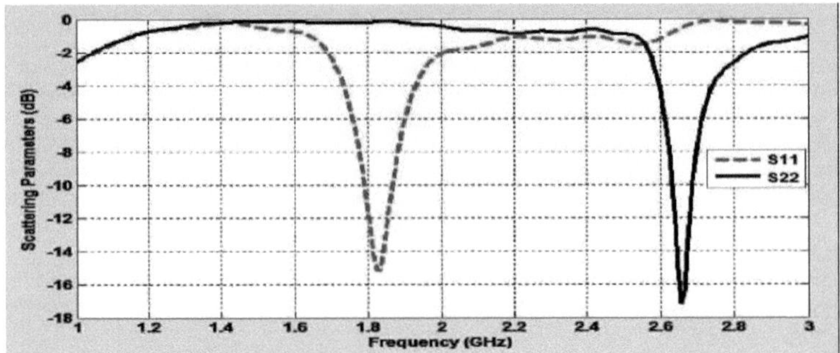

Figura 4.26: Resultados da simulação dos parâmetros de dispersão do sistema de antena de transcetor de porta dupla

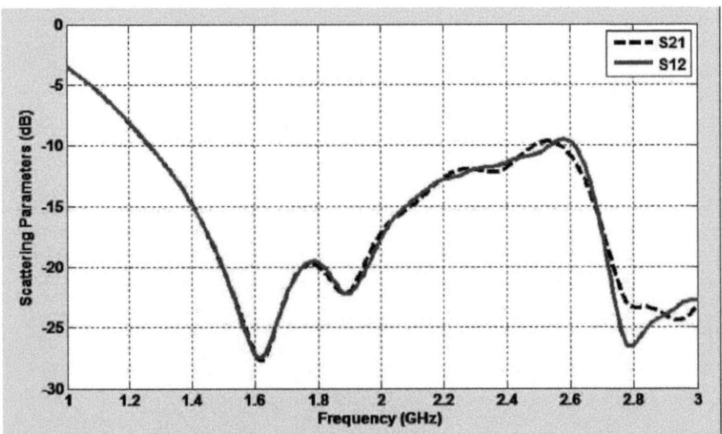

Figura 4.27: Características de isolamento de porta simuladas para o sistema de emissor-recetor

No presente estudo, é apresentado um novo projeto de antena de microfita de banda dupla com polarização dupla. Neste projeto, um conjunto de unidades de estrutura de terra com defeito (DGS) é gravado no plano de terra por baixo da linha de alimentação da antena de microfita nas portas de transmissão e receção. Com esta técnica, é possível obter um bom grau de isolamento entre as portas de transmissão e de receção da antena de microfita. Além disso, é apresentada uma nova conceção de um filtro de paragem de banda de microfita DGS em forma de U entrelaçado com características de paragem de banda elevadas. O sistema proposto caracteriza-se pelo seu tamanho compacto *(39 mm × 39 mm)* e pelo bom isolamento entre as duas portas da antena nas frequências de transmissão e de receção.

CAPÍTULO-5

RESUMO E CONCLUSÕES

A estrutura de terra deformada (DGS) permite a rejeição de bandas em determinadas bandas de frequência, o que pode ser designado por efeito de bandgap ou de stopband. A alteração das dimensões físicas do padrão gravado pode facilmente controlar a indutância e a capacitância efectivas. O DGS tem sido aplicado na conceção de circuitos de micro-ondas, como filtros de micro-ondas, divisores de potência, acopladores, amplificadores, osciladores, etc., utilizando padrões periódicos de DGS por baixo da linha de microfita. Por outras palavras, os DGS são utilizados para reduzir o tamanho e melhorar o desempenho dos componentes de microfita.

Nesta tese, é investigada uma estrutura de terra defectada (DGS) melhorada com uma linha de microfita moldada para aplicações compactas de filtros passa-baixo (LPF). Com esta estrutura, o elemento ressonante básico apresenta uma resposta passa-baixo de função elíptica. A utilização desta estrutura permite obter uma resposta de frequência de corte nítida e uma elevada supressão de harmónicas, juntamente com um tamanho reduzido, sem a necessidade de estruturas DGS periódicas. O filtro é fabricado no substrato Rogers RO3003 com constante dieléctrica $\varepsilon_r = 3$ e altura h=1,5 mm . O fabrico é feito utilizando a tecnologia de película fina e a técnica fotolitográfica e medido utilizando um analisador de rede vetorial (HP8719Es). Verifica-se uma boa concordância entre as medições e os resultados da simulação.

O filtro passa-baixo proposto tem as seguintes características

4. Os parâmetros de dispersãoS_{11} e S_{21} na banda passante são planos, o que evita a distorção do sinal, uma vez que cada componente de frequência do sinal de entrada será sujeito à mesma atenuação.

5. A banda de paragem tem uma atenuação elevada, uma vez que o parâmetro de dispersão S_{21} é relativamente baixo numa vasta gama de frequências da banda de paragem.

6. O filtro passa-baixo proposto tem características de banda passante relativamente planas e uma atenuação elevada da banda de paragem sem necessidade de colocar em cascata várias unidades DGS em forma de U, o que conduz a um tamanho de filtro compacto.

Na última parte da tese, é apresentado um novo projeto de transcetor de antena de microfita de banda dupla com polarização dupla. Neste projeto, um conjunto de unidades de estrutura de terra com defeito (DGS) é gravado no plano de terra por baixo da linha de alimentação da antena de microfita nas portas de transmissão e receção. Com esta técnica, é possível obter um bom grau de isolamento entre as portas de transmissão e de receção da antena de microfita. É também apresentada uma nova conceção de um filtro de paragem de banda de microfita DGS em forma de U entrelaçado com características de paragem de banda elevadas. O BSF proposto e o sistema de antena do transcetor são simulados no substrato Rogers RO3003 com constante dieléctrica^. = 3 , e alturas = 1,5 *mm.* O sistema proposto é caracterizado pelo seu tamanho compacto e pelo bom isolamento entre as duas portas da antena nas frequências de transmissão e receção.

Sugestões para trabalhos futuros

A partir do estudo dos filtros e dos sistemas transceptores, sugerem-se os seguintes trabalhos futuros:

- Efetuar uma análise completa da linha microstrip com DGS e investigar o modelo de circuito equivalente.
- Estudar o efeito de diferentes estruturas de DGS nas características da linha acoplada.
- Estudar o efeito do DGS em diferentes tipos de filtros planares.
- A redução da dimensão e o aumento do desempenho podem ser conseguidos através da alteração das configurações e estruturas dos filtros.
- Utilização de estruturas de bandas electromagnéticas (EBG) ou de estruturas de condutores magnéticos artificiais (AMC) para melhorar o desempenho do filtro.

REFERÊNCIAS

Abbosh, A.M. (2012). Filtro passa-baixo utilizando uma estrutura acoplada ao lado largo para supressão de harmónicos de banda ultra larga, *Microwaves, Antennas & Propagation, IET*, Vol.6, no.3, pp.276-281.

Ahn, D., Park, J.S., Kim, C.S., Kim, J., Qian, Y. e Itoh, T. (2001). Um projeto do filtro passa-baixo usando a nova estrutura de terra defectada de microfita, IEEE *Trans. Microwave Theory Tech,* Vol. 49, pp. 86-93.

Balanis, C. A. (2005). Antenna Theory: Analysis and Design, 3ª ed., Nova Iorque, Wiley.

Bond, C. (2003). Filtros Butterworth: Polinómios, Pólos e Elemento de Circuito. WWW.crbond.com.

Caloz, C. e Itoh, T (2002). Uma estrutura PBG uniplanar cónica super compacta e de banda larga para aplicações em micro-ondas e ondas milimétricas. Microwvesymposium digest, pp.1919 - 1922.

Cauer, W. (1958). Synthesis of Linear Communications Networks, McGraw-Hill, Nova Iorque.

Choi, D. H. e Park, S. o. (2006). Antena de Patch de Banda Dupla e Polarização Dupla com Alta Característica de Isolamento, *Proceedings of Asia-Pacific Microwave Conf.*

Cohn, S.B. (1958). Parallel-coupled transmission-line resonator filters," IRE Trans.*Microwave Theory Tech.*, Vol. MTT-6, pp. 223-231.

Darlington, S. (1939). Síntese de reactância-quatro-pólos que produzem características de perda de inserção prescritas, *J. Math. Phys.*, Vol. 30, 257-353.

Elsaied, H. e Abdelrazzak, M.M. (2010). Novos filtros passa-baixo de microfita planar usando estruturas de gap de banda eletromagnética (EBG), *Antenas e Propagação (MECAP), Conferência do Oriente Médio do IEEE*, pp.1-8, 20-22.

El-Shaarawy, H.B. (2005). Novel MiniatizedMicrostrip filters, Dissertação de Mestrado, Faculdade de Engenharia, Universidade do Cairo, Giza, Egipto.

Feng, W., Lei, C. e Xiao-Wei, L. (2012). Filtro passa-baixo compacto baseado em unidade de gancho de cabelo de linha acoplada, *Electronics Letters*, Vol.48, no.7, pp.379-381.

Hao, Y.e Parini, C. G. (2001). Uma matriz de antena de microfita polarizada linear dupla de 30 GHz e suas características no substrato PBG, *31st Eur. Microwave Conf., Londres, Reino Unido,* Vol. 2, pp. 29-32.

Hao, Y. e Paini, C. G. (2002). Isolation enhancement of anisotropic UC-PBG microstrip diplexer patch antenna, *Ant. And Wire. Propagat.Lett.*, Vol. 1, pp 135137.

Helszajn, J. (1990). Synthesis of Lumped Element, Distributed and Planar Filters, McGraw-Hill, Londres.

Eletrónica de Alta Frequência (2002). Basic data on high-Q ceramic coaxial resonators, *High Frequency Electronics Summit Technical Media,* pp 50,

Hong, J.S. e Lancaster, M.J. (2001).Microstrip filters for RF/microwave applications,John Wiley & Sons,

JiaLin, L., JianXin, C., JianPeng, Q., Wei Shao, W. e LiangJin, X. (2005). Compact microstriplowpass filter based on defected ground structure and compensated microstrip line, *Microwave Symposium Digest, IEEE MTT-S International* , Vol., no., pp. 4 pp., 12-17 .

Jia-Sheng Hong, M. J. (2001). Lancaster, Microstrip Filters for RF/Microwave Applications, John Wiley & Sons.

Kaiyu, Z., Lin, L. e Yaming, W. (2012). Um novo filtro passa-baixo usando três células ressonadoras compactas de microfita em forma de corte de canto, *engenharia e tecnologia (S-CET), Congresso de primavera*, pp.1-3, 27-30.

Karmakar. N. C. e Mollah, M.N. (2003). Investigação sobre filtros passa-baixo não uniformes de banda fotónica e microestriados, *IEEE Trans. Microw. Theory Tech*, Vol. 51, no. 2, pp. 564-572.

Kerry Lacanette (2010): Introdução básica aos filtros - activos, passivos e de condensador comutado. Nota de aplicação 779 da National Semiconductor.

Korkontzila, E. G., Papafilippou, D. B. e Chrissoulidis, D. P. (2006).Miniaturização da antena de microfita para aplicações sem fios através da utilização de um substrato de banda electromagnética multicamada, *Primeira Conf. Europeia, EuCAP, Antennas and Propagat.*

Kudsia, C., Cameron, R. e Tang, W. (1992).Innovations in microwave filters and multiplexing networks for communication satellite systems", IEEE Trans. *Microwave Theory Tech*, Vol. MTT-40, pp. 1133-1149.

Levy, R. (1976). Filtros com zeros de transmissão simples em frequências reais e imaginárias, *IEEE Trans. Microwave Theory Tech*, Vol. MTT-24, pp. 172-181.

Levy, R., Snyder, R. V.eMatthaei, G. (2002). Design of microwave filters, *IEEE Trans. on Microwave Theory and Tech,* Vol. 50, no. 3,pp. 783-793.

Lim, J.S., Kim, C.S. Lee, Y.T., Ahn, D. e Nam, S. (2002). Design of lowpass filters using defected ground structure and compensated microstrip line, *Electronics Letters*, Vol. 38, no. 22, pp. 1357-1358.

Lim, J.S., Lee, Y.T., Kim, C.S., Ahn, D. e Nam, S. (2002). A vertically periodic defected ground structure and its application in reducing the size of microwave circuits, *IEEE microwave and Wireless Component Letters*, Vol. 12, no. 12, pp. 479481.

Lim, J.S., Kim, C.S., Lee, Y.T., Ahn, D. e Nam, S. (2002). A spiral shaped defected ground structure for coplanar waveguide, *IEEE microwave and Wireless Component Letters*, Vol. 12, no. 9, pp. 330-332.

Liu, H.W., Li, Z. F., Sun, X. W. e Mao, J.F. (2004). An improved 1-D periodic defected ground structure for microstrip line, *IEEE Microw.WirelessCompon.Lett.*, Vol. 14, no. 4, pp. 180-182.

LotfiNeyestanak, A. A., Jahanbakht, M., e AlirezaKhodakarami (2007). Otimização do filtro de microfitas com extremidades cónicas utilizando o método de enxame de partículas. Jornal de Matemática Aplicada, Universidade Islâmica Azad de Lahijan Vol.4, no.15

Martin, F. Falcone, F., Bonache,J., Marques, R. e Sorolla, M. (2003). Miniaturized coplanar waveguide stop band filters based on multiple tuned split ring resonators, *IEEE microwave andWireless Component Letters*, Vol. 13, no. 12, pp. 511-513.

Mattaei, G., Young, L. e Jones, E.M.T. (1980). Microwave gilters, impedancematching networks, and coupling structures, Artech House, Norwood, MA.

Matthews, H. (1977). Surface wave filters, "Wiley- Interscience publication, New York.

Milenko N. Bugueno Gonzalez (2009). Otimização e visualização de bancos de filtros unitários multicanal e suas correspondentes Wavelets.Projektarbeit, Universidade Erlangen-Nuremberga.

Packiaraj, D., Ramesh, M., Kalghatgi, A.T. e Vinoy, K.J. (2011). Filtro de microfita com supressão de harmónicos de banda dupla (WLAN &WiMAX) com terra perturbada, *Communications (NCC), National Conference* ,Vol., no., pp.1-5, 28-30.

Papoulis, A. (1962). The Fourier Integral and Its Applications, McGraw-Hill, Nova Iorque.

Park, G.I., Kim, C.S., Kim, J. Park, J.S. Qian, Y., Ahn, D. e Itoh, T. (1999). Modelling of photonic bandgap and its application for the low-pas filter design, *Asia Pacific Microvave Conf. APMC*, Vol. 2, pp. 331-334.

Pozar, D. M. (1992). Microstrip Antennas, *Proc. IEEE,* Vol. 80, no. 1, pp. 79-81.

Pozar, D.M. (2005). Microwave Engineering, 3rd Edition, John Wiley & Sons Inc.

Radisic, V., Qian, Y., Coccioliand, R., e Itoh, T. (1998). Uma nova estrutura de bandgap fotónico 2-D para microstriplinas, *IEEE Trans. Microwave and Guided WaveLett.*,Vol. 8, no. 2, pp. 69-71.

Rao, X.S., Chen, L.F., Tan, C.Y., Liu, J. e Ong, C.K. (2003). Design of onedimensional microstripbandstop filters with continuous patterns based on Fourier transform, *Electronics Letters,*

Vol. 39, no. 1, pp. 64-65.

Rhodes, J.D. (1976). Theory of Electrical Filters, Wiley, Nova Iorque.

Richard, P.I. (1948). Resistor-transmission line cicuit, *Proc. IRE,* Vol. 36, pp. 217 - 220.

Saal, R. e Ulbrich, E. (1958).On the design of filters by synthesis, *IRE Trans.*, CT-5, pp. 284 - 327.

Sanchez, L. I., Roy, J. L. V. e Iglesias, E. R. (2008). Antena patch multicamada acoplada por proximidade de alto isolamento para operação em dupla frequência, IEEE Trans. Ant. And Prop. Vol. 56, pp. 1180-1183.

Shavit, R., Tzur, Y. e Spirtus, D. (2003). Design of a new dual- frequency and dualpolarization microstrip element," IEEE Trans. Ant.And Propagat. Vol. 51, pp 1443451.

Singh, Navita, Kumar, Avinash e Singh, Pravesh (2011) . Filtro passa-baixo para aplicação em banda L usando impedância escalonada, linhas de microfita. JERS, Vol. 2, Issue2, pp 22-24.

Sio-Weng, T., Kam-Weng, T. e Martins, R.P. (2006). Miniaturized microstriplowpass filter with wide stopband using double equilateral U-shaped defected ground structure, *Microwave and Wireless Components Letters, IEEE* , Vol.16, no.5, pp. 240- 242.

Temes, G.C. e Mitra, S.K. (1973). Modern Filter Theory and Design, Wiley, Nova Iorque.

Thomson, W.E. (1949). Delay network having maximally flat frequency characteristics", *Proc. IEE*, Vol. 96, pp. 487-490,

Weinberg, L. (1996). Network Analysis and Synthesis, McGraw-Hill, Nova Iorque.

William, F.L. (2010). EMR Corporation, understanding, maintaining & re-tuning antenna duplexers,www.emrcorp.com/images/techpapers/tech_cover/antenna_duplexors(15 -6).pdf.

Zhang, R. e Mansour, R. (2004). Um novo filtro de microfita de baixa passagem usando slots carregados de metal no plano de terra, *IEEE MTT-S. Int. Dig.*, pp. 1311-1314.

Printed by Books on Demand GmbH, Norderstedt / Germany